삶의 모든 잘못된 순간에도

어떻게 행복할 수 있을까?

사랑을 더하면 온전해집니다.

이 모든 것 위에 사랑을 더하라 이는 온전하게 매는 띠니라 (골 3:14)

– 도서출판 사랑플러스는 이 땅의 모든 교회와 성도들을 섬기기 위해 국제제자훈련원이 설립한 출판 사역 기관입니다.

삶의 모든 잘못된 순간에도
어떻게 행복할 수 있을까?

초판 1쇄 인쇄 2009년 1월 17일
초판 1쇄 발행 2009년 1월 22일

지은이 루이스 B. 스미즈 **옮긴이** 조윤진
펴낸이 김명호 **기획책임** 김건주
편집책임 김순덕 **마케팅책임** 김석주
이미지 (주)토픽포토에이전시 **표지·내지디자인** 정선형

펴낸곳 도서출판 사랑플러스
등록번호 제22-2110호(2002년 2월 15일)
주소 (137-865) 서초구 서초1동 1443-26
전화 02)3489-4300 **팩스** 02)3489-4309
이메일 sarangplus@sarang.org

값 9,000원 ISBN 978-89-90285-74-7 03230

* 독자의 의견을 기다립니다.

삶의 모든 잘못된 순간에도

어떻게 행복할 수 있을까?

루이스 B. 스미즈 지음 | 조윤진 옮김

사랑플러스

Copyright © 1982, 1999 by Lewis B. Smedes
Originally published in English under the title
How Can It Be All Right When Everything Is All Wrong?
by WaterBrook Multnomah Publishing Group, a division of Random House, Inc.
12265 Oracle Boulevard, Suite200, Colorado Springs, CO 80921, USA.

All rights reserved.

Korean Edition Copyright © 2009 by SarangPlus, a division of DMI Press, Seoul, Republic of Korea.

This translation published by arrangement with WaterBrook Multnomah Publishing Group, a division of Random House, Inc. through KCBS Literary Agency, Seoul, Republic of Korea.

본 저작물의 한국어판 저작권은 KCBS Literary Agency를 통하여
Random House, Inc.와 독점 계약한 도서출판 사랑플러스에 있습니다.
신 저작권법에 의하여 한국 내에서 보호받는 저작물이므로 무단전재와 무단복제를 금합니다.

책으로의 초대

내면의 수백 가지의 생각들에도 불구하고 하나님을 믿기 위해 많은 노력을 기울이고 있다면, 당신은 나와 비슷한 사람일 것이다. 이 책은 그런 당신을 위한 것이다.

나 역시 믿음을 지키는 것이 쉽지 않다. 한번도 쉬운 적이 없었다. 그리고 물론 앞으로도 그럴 것이다. 나는 좋으신 하나님을 믿는 것을 어렵게 하는 많은 문제들과 고통에도 불구하고 항상 하나님을 믿는다. 이 책의 내용은 나의 본성에 반하여 하나님을 믿는 수년간의 경험을 통해 걸러져 나왔다.

너무 많은 사람들이 상처에 지나친 관심을 두어 믿음을 어려운 것으로 만들었다. 내 주변의 가까운 사람들이 암에 걸리고, 너무 젊은 나이에 세상을 떠났고, 나의 기도는 그 고통을 없애 주거나 죽음을 멈추지 못했다. 결혼생활의 전쟁을 치른 친구들과 그들의 자녀들은 수백 개의 작은 지옥들을 경험했다. 하나님은 내 주변 사람들에게는 기적을 잘 베풀어 주시지 않았다.

하지만 내 주변 사람들의 고통은 시작에 불과하다. 바다 건너 기아에 허덕이는 아이들을 위해 항상 기도하지만 그들은 계속 죽어가고 있다. 박해 받는 이들을 위해서도 기도하지만 그들 역시 여전히 총살을 당하거나 자유를 빼앗기고 있다. 지금 내가 우는 소리를 하는 것은 아니다. 나는 우리가 많은 경우, 그 비참한 상황들을 자처한다는 것도 알고 있다. 나는 단지 하나님이 우리를 사랑하신다는 것을 믿는 그 순간에도 고통과 아픔 때문에 나를 사랑하지 않으시는 것 같다는 느낌을 고백하는 것뿐이다.

믿음은 어느 한 순간 '하나님 만세!'라고 외치며 갖게 되는 것이 아니다. 믿음은 내가 속으로 '나의 하나님, 내가 필요로 할 때 당신은 어디 계셨나요?'라고 이야기할 때 나의 영혼 가운데로 살며시 들어온다.

나는 진정한 믿음에 대해 이야기하고 있다. 가장 원시적인 감정들이 생겨나는 가장 깊은 내면의 자아를 통한 믿음에 대해 말이다. 생각을 하는 것은 그리 어려운 부분이 아니다. 나는 잠을 자면서도 하나님을 믿는 논리적인 근거들을 생각해 낼 수 있다. 어려운 것은 그것을 느끼는 것이다. 머리로 모든 상황이 최악이라고 생각할 때에도 영혼의 깊은 곳에서는 괜찮다고 느낄 수 있는 것이 어렵다.

그 깊은 감정, 단순한 기분과는 다른 그것을 말하고 있는 것이다. 당신의 존재의 중심에서 삶이 좋거나 나쁘다고 이야기해 줄 수 있는 바로 그 감정 말이다. 이러한 감정을 통해 당신의 삶은 기쁨이 될 수도 있고 비참한 것이 될 수도 있다. 우리는 그 마음의 감정, 하나님을 향해 열려 있는 그 마음의 창에 대해 이야기하는 것이다.

나의 어떤 부분도 사랑 받을 자격이 없어 보일 때조차 사랑 받고 있다고 느껴지면 나는 그것을 믿음이라 생각한다. 그것이 진정한 믿음이다. 삶이 죽음의 계곡을 지날 때조차 살아갈 가치가 있다고 느낄 때, 나는 믿고 있는 것이다. 너무 감사하여 기쁨을 느낄 때, 그때 나는 믿는 것이다. 내 주변의 모든 것들이 최악의 상황일 때에도 모든 것이 괜찮을 것이라고 느낄 때, 그때 나는 정말 믿음을 갖고 있는 것이다.

감정은 우리 삶의 많은 단계에서 우리를 지배한다. 이 책을 읽으면서 나는 당신이 삶의 수십 가지의 단계들을 살펴보며, 모든 것이 괜찮을 것이라는 느낌을 깨달았는지 확인해 보기 바란다. 각 장은 발견의 이야기이다. 모든 것이 참혹한 상황 속에서도 모든 것이 괜찮을 수 있다는 발견.

발견, 바로 그것이다! 발견은 성취하는 것이 아니다. '더 열심히 노력하라.'는 이야기를 하는 것이 아니다. 당신 자신이 머릿속 생각들보다 깊은 곳에 있는 가장 원초적인 직감, 즉 그 느낌을 발견했다면 그것이 선물이라는 것을 알게 될 것이다. 은혜의 선물? 물론이다. 더 무엇이 있겠는가? 바로 그 놀라운 하나님의 은혜, 그것이 바로 발견의 핵심이다.

오해하지 말라. 내가 모든 것이 잘 되도록 해 주는 마법을 알고 있는 것은 아니다. 이 책은 영적인 '방법론'을 제시하는 것이 아니다. 나에게는 은혜를 연출할 수 있는 능력이 없다. 은혜가 언제 어떻게 나타나도록 지시할 능력도 없다. 그런 시도 자체가 엄청난 죄라고 나는 생각한다. 나는 단지 은혜의 선물을 독특한 방법을 통해 공짜로 허락하실 때 그것을 알아볼 수 있는 방법을 알고 있을 뿐이다. 그리고 이 책을 통해 나는 당신이 그것을 어디서 발견할 수 있는지 힌트를 줄 수 있을 뿐이다. 그리고 그것을 느낄 수 있도록….

은혜는 임한다. 그것만은 확실히 말할 수 있다. 내가 괴로워할 만한 충분한 이유들이 있음에도 불구하고 살아 있는 것이 진정 기쁘다고 느껴질 때 하나님의 은혜는 임한다. 은혜는 아내에게 상처를 준 후에도 아내가 사랑으로 다시 시작하자고 내미는 손을 잡을 때 임한다. 타인이 나를 정신이 나갔거나 악하다고 생각할 때에도 내 양심을 따를 수 있는 강력한 자유함을 느낄 때 은혜가 임한다. 은혜는 우리의 미래, 심지어 우리의 죽음까지도, 우리가 감히 상상도 하지 못할 만큼 훌륭하게 이뤄질 것이라는 확신을 주는 선물이다. 따라서 은혜는 희망이다.

그렇다, 은혜는 꼭 임한다. 은혜는 내 삶의 많은 부분에 임한다. 하지만 그 모든 상황에는 공통점이 있다. 은혜는 모든 것이 잘못되었을 때에도 모두 괜찮을 수 있다고 느끼게 해 준다.

당신도 나와 같이, 머릿속을 떠다니는 많은 생각들에도 불구하고 하나님을 믿는 믿음을 가지고 있다면, 이 책에서 제시하는 은혜의 발견 속에서 자신의 모습을 찾을 수 있을지 모른다.

이 책을 읽어감에 따라, 당신도 모든 것이 괜찮을 것이라는 그 기쁨에 단순히 사로잡혀 있던 행복한 순간들을 떠올릴 수 있게 되기를 바란다. 그리고 이 책을 읽는 동안 다시 그 기쁨에 사로잡힐 수 있게 되기를 더욱 바란다. 만약 그렇게 된다면, 다시 한 번 모두 괜찮을 것이라는 것을 마음 깊이 믿을 수 있게 될 때까지 그 감정의 불꽃을 꺼트리지 않도록 하라.

차례

책으로의 초대 …5

1 모든 것이 엉망일 때, 정답은 단 하나뿐이다 은혜의 선물 … 13

2 개집에서 살 필요 없다 기쁨의 선물 … 31

3 새로운 시작에 위험을 무릅쓰면 승리할 수 있다 용서의 선물 … 53

4 이 세상 모두는 비평가이고,
 이제 그 비평을 읽는 것도 지겹다 자유의 선물 … 75

5 놀라움이 사라지고 있는 세상에
 놀라움이 가득할 수 있다 놀라움의 선물 … 91

6 아파하는 사람들과 함께 아파한다면,
 그것이 곧 하나님의 마음이다 고통의 선물 … 107

7 하나님은 질그릇일 뿐인 우리들에게
　하나님의 보물을 담으셨다 평범함의 선물 … 131

8 더 이상 견딜 수 없다면,
　하나님께서 역사하실 때이다 열린 마음의 선물 … 147

9 천사들을 보면
　왜 믿음을 갖게 되었는지 알게 될 것이다 믿음의 선물 … 163

10 하나님도 서두르시지 않는데,
　서두를 필요가 있는가? 인내의 선물 … 183

11 지옥에 떨어져도
　하나님의 손안에 떨어질 수 있다 안아 주심의 선물 … 201

12 모든 것이 괜찮을 것이다! 희망의 선물 … 223

모든 것이 엉망일 때, 정답은 단 하나뿐이다

_ 은혜의 선물

{ 은혜가 너희에게 있을 지어다(골 4:18b). }

병원 침대에 누워 있는 칼을 뒤로 하고 병실을 나오기 전, 나는 뒤를 돌아 그를 다시 한 번 쳐다보았다. 그는 고개를 살짝 들고 미소를 지으며, '괜찮아'라고 말했다. 그것이 칼을 마지막으로 본 것이 되었다. 하지만 그가 한 말은 그 이후로 계속 나의 뇌리에 남았고 나에게 있어 삶의 가장 심오한 질문의 비유가 되었다. 아무런 희망도 없어 보이는 상황에서 어떻게 모든 것이 괜찮다고 믿을 수 있단 말인가?

내 가장 친한 친구가 암으로 죽어가고 있다는 소식을 듣고 나는 그에게 말을 할 기운이 남아 있는 며칠 동안만이라도 함께 시간을 보내기 위해 비행기를 타고 로스앤젤레스에서 미시간까지 날아갔다. 칼과 나는 대학입학 첫날 친구가 되었다. 그 무엇과도 바꿀 수 없는 30년간의 우정을 끝으로 나는 이것이 지구상에서 우리가 나누는 마지막 대화가 될 것이라는 것을 알았다. 우리는 나흘 동안 아주 가까운 친구들만이 나눌 수 있는, 우리의 과거와 그의 미래에 대해 깊은 이야기들을 했다. 그리고 나는 떠나야 했다. 3일 후에 그는 세상을 떠났다. 하지만 병실을 나오며 그가 살아 있는 동안 마지막으로 눈을 맞추기 위해 돌아본 그 순간, 그는 아주 평범하지만 나의 뇌리에서 지워지지 않는 말을 남겼다. '괜찮아.'

병실을 나와 엘리베이터로 걸어가고 있을 때, 그의 아내 존이 다가와 나를 붙들고 울면서 말했다. "루, 난 겁이 나요." 나는 괜찮지 않다는 것을 알고 있었다. 모든 것이 잘못되어 있었다. 그의 아내에게는 모든 것이 잘못되어 있었다. 그의 네 자녀에게도 모든 것이 잘못되어 있었다. 그의 친구들에게도 전혀 괜찮은 것이 아니었다. 나는 엘리베이터를 타고 병원 로비까지 내려오는 동안 하나님께 모든 것이 잘못되었다고 한심한 불평을 쏟아냈다. 그리고 차에 타는 순간 앞으로 아주 오랫동안 이 문제로 많은 고민을 하게 될 것이라는 것을 직감했다. 고통과 슬픔과 죽음에 눌려 힘들어 하면서도 삶의 중심은 괜찮다는 것을 믿을 수 있단 말인가? 그 답은 은혜의 바람을 타고 어딘가에서 불어오고 있었다.

당신은 평범한 말이 적절한 상황에서 사용될 때 진귀한 진리가 되는 것을 경험한 적이 있는가? 얼마나 진부한 위로의 말인가? '괜찮아.' 리틀 리그 경기에서 한 소년이 스트라이크 아웃을 당한다. '괜찮아'라고 코치가 말한다. 손님이 깨끗한 식탁보에 커피를 쏟았다. '괜찮아요'라고 주인이 말한다. 한밤중에 아이가 운다. '괜찮아'라고 엄마가 말한다. 삶과 죽음에 비해 터무니없이 작은 것들에 대한 상투적인 위로의 표현들이다. 하지만 내 친구는 쏟아진 커피나 잘못 던진 공에 대해 이야기하고 있는 것이 아니었다. 그는 복잡한 삶에 대해 이야기하고 있었다. 이러한 상황에서 평범한 말은 깊은 자기기만이 아니라면 진귀한 진리가 된다.

은혜라는 단어는 의례적이고 평범한 말에 불과한 경우가 많다. 사도 바울은 당시의 평범하고 상투적인 표현을 기억하고 그의 서신들을 '은혜'를 주제로 하여 여러 가지 표현들로 마무리했다. "은혜가 너희에게 있을지어다." 얼마나 상투적인 표현인가! 그 당시에는 헬라어를 사용하는 지역이라면 어디서나 들을 수 있는 말이었다. 술집에서 처음 만난 사람에게 와인 잔을 들어 보이며 "당신에게 은혜가 있기를" 이라고 이야기했을 정도다. 그는 자신이 싫어하는 사람들에게 편지를 보내며 "은혜가 너희에게 있을지어다."라고 끝을 맺었다. 일상의 대화를 원활히 하기 위해 사용하는 오래되고 가벼운 작은 거짓말이었다.

하지만 이제 사도 바울은 이렇게 별 의미 없는 평범한 말을, 전혀 새로운 사실과 부합시켜 삶의 모든 것이 잘못될지라도 삶이 괜찮을 것이라는 하나님의 약속의 사인으로 바꾸어 놓았다. 예수님의 실체가 은혜라는 상투적인 표현을 하나님의 실체로 변화시켰고, 우리의 시간과 역사, 삶 가운데 올바르게 변화시켰다. 즉 그는 은혜를 다음과 같이 정의했다. "인간의 모습으로 오신 예수가, 말씀하시고 상처 입고 죽으셨으며, 다시 살아나셔서 이 세상에 은혜를 가져와 모든 것이 잘못되었을 때 모든 것을 괜찮게 만드셨다." 우리의 피곤하고 죄로 가득한 깨어진 삶 가운데 하나님께서 해 주시는 모든 것과 그분의 존재를 의미하는 말이다. 은혜가 당신과 함께하기를! 모든 것이 잘못되었어도 괜찮다. 상투적인 말인가? 이제 더 이상은 아니다.

벌써 은혜가 어떻게 작용하는지 우리는 힌트를 얻고 있다. 은혜는 모든 것을 좋게 바꿔 주는 것이 아니다. 은혜는 우리가 '이렇게 살아가는 것이 괜찮다.'는 것을 보여 준다. 숨쉬고 살아가는 동시에 우리 주변의 모든 것들이 다 엉망이라고 느끼는 것이 진실로 좋은 것이고 심지어 훌륭한 것이라는 것이다.

은혜는 환상의 섬으로 가는 티켓이 아니다. 환상의 섬은 꿈같은 허구일 뿐이다. 은혜는 우리가 원하는 대로 삶에 마법을 걸 수 있는 약이 아니다. 마법은 마술이다. 은혜는 우리 모두의 암을 치유하지 않고, 우리의 아이들을 모두 승자로 바꿔 주지 않고, 우리 모두가 성적으로 만족하고 삶에 성공하도록 해 주지도 않는다. 은혜는 세상의 현실을 있는 그대로 받아들이고, 슬프고 비극적인 면을 보며 잔인하게 상처 받고, 세상의 불공평함에 함께 불평하면서도 오히려 하나님이 창조하신 좋은 땅에 살아 있다는 것이 좋고 올바른 것이라고 마음 깊은 곳에서 느낄 수 있도록 하는 놀라운 힘이다. 다시 말하면, 은혜는 삶을 명백히 바라보고, 때로는 모든 것이 잘못될 수 있다는 사실을 인정하는 동시에, 삶의 중심 어디에선가는 '괜찮다'는 것을 알게 해 주는 힘이다. 그래서 괜찮지 않을 상황에서 괜찮다고 믿어지는 정서를 체험할 때 우리는 놀라운 하나님의 은혜라고 말하는 것이다.

은혜는 하나님이 예수 그리스도를 통해 우리에게 부어 주신 모든 것을 압축해 나타내는 단어다. 하지만 은혜에는 여러 가지 다른 모습들이 있다. 여기서 나는 그 중 세 가지 모습에 초점을 맞추고자 한다. 바로 우리가 힘들어 할 때 우리에게 다가오시는 하나님의 놀라운 세 가지 모습이다. 은혜는 용서이며, 능력이고, 약속이다. 각각의 모습들을 살펴보자. 은혜는 추상적 개념이 아닌 현실임을 기억하길 바란다. 그리고 은혜는 내가 말로 표현할 때가 아닌 하나님이 은혜를 부어 주실 때 알 수 있는 것임을 역시 기억하기 바란다.

은혜는 용서다

은혜의 기본은 많은 것들이 잘못되었다는 것을 알면서도 개인적으로 모두 괜찮다는 것을 알 수 있게 해 주는 놀라운 선물이다.

어릴 적 꿈과 일치하는 삶이 있는가? 밝고 순진했던 시절 품었던 환상과 그에 따른 기준에 부합하는 인격을 우리는 갖추고 있는가? 여전히 꿈을 꾸던 시절, 우리는 이상적인 것들과 행복, 그리고 선함을 갖출 수 있는 기회가 있다고 생각했던 적이 있었다. 부유하면서 관대하고, 섹시하면서 정숙할 수 있다고 생각했다. 또한, 자신이 실제로 창조적이고, 신뢰를 받는 완벽한 사람이 될 수 있는 잠재력이 있다고 믿었다. 하지만 하나님은 그런 우리가 현재 스스로의 모습을 바라볼 수 있도록 하셨다.

우리의 꿈에 부응하지 못한다면, 하나님이 우리를 위해 보여 주신 꿈에는 부응할 수 있는가? 인간을 위한 하나님의 꿈은 예수 그리스도를 통해 실현되었다. 그는 하나님의 사람의 전형이다. 예수님의 영원한 신성은 잠시 접어 두고, 그의 인간의 모습에 집중해 보자. 그는 위선적인 문화 가운데 꺾을 수 없는 진실함을 통해 일하셨고, 딱딱한 종교제도 가운데 연민을 가지고 역사하셨다. 또 보통 사람들이 살아가면서 바라는 것들을 버리심으로써, 길을 잃고 상처 받은 사람들에게 다가가셨고, 그 희생적인 사랑 때문에 인류 역사에 있어 가장 일찍 죽은 사람이 되셨다. 얼마나 훌륭한 사람인가! 그는 우리를 향한 하나님의 모습이다. 그러므로 우리가 하나님의 사람이 되기 원한다면 예수님을 닮아야 하는 것이다.

하지만 삶 가운데 좋으신 하나님의 꿈이 실현될 기미조차 보이지 않을 때는 어떻게 해야 하는가? 과연 종교가 우리의 피난처인가? 여기서 경고 한 가지를 하겠다. 은혜가 없는 종교는 완벽한 인간의 삶에 대해 하나님의 이미지로 당신을 힘들게 할 것이다. 그리고 그 이미지에 부합하지 못하는 당신의 삶을 비난할 것이다. 그 종교는 당신의 실패에 대해 혹평을 할 것이고 당신을 실패의 구렁텅이로 빠트릴 것이다. 최근 나는, 이혼을 하고 그 상처와 수치심에 힘들어 하고 있는 중년의 한 여성과 대화를 한 적이 있다. 그녀는 은혜가 없는 종교에 의해 비난 받고 있다고 고백했다. 그녀는 나에게, "나는 절대로 내 자신을 용서할 수 없을 거예요."라고 말했다. 종교는 때로 우리가 이렇게 생각하도록 만든다. 우리가 하나님의 이상형에 부합하지 않는 이상 영원히 잘못하고 있다고 생각하게 한다.

그 여성에게도, 그리고 하나님의 완벽한 인간의 삶에 대한 이미지에 부합하지 못하는 우리 모두에게도 하나님의 은혜가 함께하기를! 진짜 죄의식과 그릇된 죄의식 가운데, 심각한 죄의식과 사소한 죄의식 가운데 하나님의 은혜가 임하기를! 당신의 영혼 깊은 곳에 은혜가 임해 많은 것들이 잘못되고 있어도 괜찮다는 확신이 임하기를! 하나님이 보시기에 그 어떤 상황에도 불구하고 당신은 괜찮다고 당신을 설득하실 때, 바로 이러한 일들이 당신에게 일어나고, 그것을 당신이 알고, 느끼고, 실천하게 될 것이다.

이처럼 은혜의 놀라운 점 하나는 예민한 양심과 모순된다는 것이다. 양심은 비난을 한다. 은혜는 그 비난에 모순된다. 양심은, 네가 잘못했기 때문에 모두 잘못된 것이라고 말한다. 은혜는 네가 잘못해도 괜찮다고 말한다. 은혜는 언제나 뜻밖의 반응으로 임한다. 하나님이 우리가 바르게 행동하길 바라시는 것은 놀라운 것이 아니다. 우리가 진실하고 공정하고 예의 바르며 친절하길 원하시는 것도 놀라운 일이 아니다. 신앙인들의 경건한 상상에 의해 만들어진 모든 신은 이러한 모습들을 바란다. 하지만 놀라우신 예수 그리스도, 하나님의 뜻밖의 말씀, 모든 것을 올바르게 바꾸기 위해 십자가에서 죽으심으로 우리에게 하신 말씀, 죄인의 영혼을 향한 선한 말씀은 바로 이것이다. '다 괜찮다.' 인생의 가장 중심에서 특히 우리가 잘못하고 있을 때에 괜찮다고 말씀하신다. 이것이 용서다. 우리를 포용하는 은혜의 첫 번째 모습이다.

은혜는 힘이다

은혜의 두 번째 모습은 하나님의 모습에 더 가까워질 수 있도록 당신을 이끌고, 당신이 어제보다 오늘 더 나은 사람이 될 수 있도록 하는 힘이다. 하지만 이 힘은 우리가 기술을 통해 조작할 수 있는 그 어떤 에너지와도 같지 않다는 것을 깨닫지 않으면 그 힘이 얼마나 놀라운 것인지를 깨달을 수 없다. 은혜는 우리가 원자로에서 만들어내는 힘과는 전혀 다른 힘이다. 이는 모든 물리적인 힘과도 다른 것이다. 윤리적인 힘과도 다르다. 은혜는 우리의 도덕적인 기준을 강제적으로 높여서 더 나은 사람이 되도록 하지 않는다. 우리를 더 나은 사람이 되도록 하는 힘은 우리의 있는 그대로도 괜찮다고 하나님께서 자유롭게 설득하실 때 효과가 있다. 은혜의 힘은 역설적이다.

용서의 은혜로 자유케 될 때 은혜는 가장 큰 힘이 있다. 자신의 모습으로 인해 절대 비난 받지 않을 것이라는 확신이 있을 때, 어떤 판단에도, 최악의 죄책감에도 상처 받지 않을 확신이 있을 때 힘은 발휘된다! 당신이 잘못하고 있을 때에도 모든 것이 괜찮다고 설득하는 은혜가 임할 때, 그 힘이 발휘되고 당신은 괜찮아지는 것이다.

우스꽝스러운 나귀를 타고 별난 세상을 정복하겠다고 나타난 기사 돈키호테는, 이 놀라운 은혜에 관해 훌륭한 세상적 비유가 된다. 돈키호테는 보이지 않는 적과 싸웠지만, 그에게는 한 가지 강한 능력이 있었다. 그는 한 여성에게 모든 것이 잘못되어도 괜찮다고 설득하고, 그녀가 더 나은 삶을 살 수 있도록 해 주었다. 그는 작은 동네의 싸구려 술집에서 천박한 한 여인을 만났다. 그녀는 정숙한 여자가 아니었다. 사실, 그 동네의 모든 사람들은 그녀가 나쁜 여자라는 사실을 알고 있었다. 그래서 그들은 그녀를 구제불능의 더러운 죄인으로 취급했다. 모두가 그녀를 그렇게 대했기 때문에 그녀 자신도 본인이 나쁜 여자로 믿었다. 그래서 또한 그렇게 행동했다. 그때 놀라운 돈키호테가 그 동네에 들어갔다. 그는 은혜의 안경을 쓰고 그녀를 바라보았다. 그가 본 사람은 훌륭한 여인이었다. 그는 윤리주의자들의 냉철한 판단에 맞서 그녀를 정숙하고 고귀한 사람이라 선포했다. 그는 그녀에게 이렇게 말했다. "모든 사람이 당신에게 잘못했다고 해도 다 괜찮습니다." 돈키호테의 말이 진심임을 알았을 때 그녀는 그 은혜를 받아들였고, 그 은혜의 힘을 느끼기 시작했다. 돈키호테의 눈에 보인 모습의 여인이 되었다.

이제 하나님의 은혜의 현실로 돌아가 보자. 우리는 상상 속의 적과 싸움을 하는 허구의 기사에 대해 이야기하는 것이 아니다. 우리가 거룩하길 기대하지만, 우리가 그렇지 못하다는 사실도 알고 계신 거룩하고 정직한 하나님에 대해 이야기하는 것이다. 하지만 하나님은 우리가 많은 것들을 잘못하고 있어도 괜찮다는 전제하에 우리와 함께 일하신다. 두 가지 예를 들어보자. 베드로는 여종 앞에서 체면을 차리기 위해 예수님을 부인했고, 그를 알지 못한다고 했다. 자신의 비겁함에 부딪혔을 때 그는, "나는 그리스도를 부인한 자다!"라고 외쳤다(눅 22:54-62). 그리고 그가 고백했을 때, 그는 하나님의 음성을 들었다. "그렇게 큰 잘못을 했어도 괜찮다." 가장 경멸스러운 약점을 드러낸 그 순간에 그는 그리스도를 부인한 자가 아닌 그리스도의 제자가 될 수 있는 힘을 얻었다.

사도 바울은 그리스도를 따르는 자들을 박해했었다. 그는 도덕적으로 구제불능의 악인이었다. 그리고 그 사실에 직면했을 때, 그는 모든 것을 잘못 생각하고 있는 자신을 발견하였다. "나는 제자들을 죽이는 사람이다"(행 26:9-11). 하지만 그가 끔찍한 정체성의 위기를 인정했을 때 그 또한 하나님의 음성을 들었다. "네가 큰 잘못을 하고 있어도 괜찮다"(행 26:12-18). 그리고 그때, 바울은 제자들의 박해자가 아닌 최고의 그리스도의 제자가 되는 힘을 느꼈다.

이야기는 계속된다. 우리가 엄청난 잘못을 하고 있을 때에도, 모든 것이 괜찮을 것이라는 것을 깨닫는 순간 우리는 실패의 개인적 부담에서 벗어나 하나님이 원하시는 사람이 될 수 있는 힘을 얻는다. 이를 신학적으로 표현하자면, '우리가 의롭다 함을 깨달을 때, 성화가 시작' 되는 것이다. 자기 증오의 속박은 풀리고, 자기 판단의 수갑이 벗겨지며 자유케 하는 힘이 발휘된다. 그리고 우리는 하나님이 원하는 사람이 되기 위한 첫발을 내딛는다. 그 놀라운 은혜의 힘이 은혜의 두 번째 모습이다.

은혜는 약속이다

은혜는, 내일은 모든 것이 괜찮아질 것처럼 오늘을 사는 힘이다. 그리고 이것이 은혜의 세 번째 모습이다. 그 힘은 절박한 도박꾼이 전혀 가능성이 보이지 않을 상황에서 앞으로 모든 것이 나아질 것이라고 믿는 믿음에서 나오는 것이 아니다. 이는 성령을 통해 나오는 힘이다. 성령님은 하나님이 불행을 지나 우리를 승리하도록 이끌고 약속을 실현시켜 주실 수 있다는 확실한 증거를 가지고 있다. 은혜는, 내일도 모든 것이 엉망일 것이라 생각될 때에도 오늘보다는 내일이 더 나은 날이 될 것이라는 믿음을 가진 듯 살아가도록 만드는 신비한 힘이다.

많은 사람들에게 이 약속을 통해 얻어지는 세상을 살아갈 힘이 절박하게 필요하다. 어떤 사람들은 핸들도 잠기고 브레이크도 없는 차에 갇혀 가파른 경사 길을 전력 질주하는 것 같은 느낌을 가지고 산다. 그 어떤 것도 우리를 멈추게 할 수 없다. 우리가 최후의 핵 공격으로 세상을 폭파시키는 것을 막을 수 있는 것은 아무것도 없다. 노인들의 생활을 어렵게 만드는 경제적 제약을 막을 수 있는 것도 없다. 그 어떤 것도 세상의 반은 빈곤과 기아에 허덕이고, 나머지 반은 기술의 풍요로 인한 독성 먼지에 질식해 가는 것을 막을 수 없다. 우주 재앙의 길로 접어든 것 같다. 하지만 이러한 것들은 세계적 위협일 뿐이다. 결국 재난을 가져올 시스템에 우리가 갇혀 있다는 생각에 지나지 않는다.

우리의 작은 두려움들은 더 큰 상처가 된다. 앞에서 말한 것들에 비교하면 한없이 작지만, 세계 테러보다도 더 빨리 우리의 사지를 마비시킨다. 우리의 근시안적 사고를 옹호하지 않겠다. 우리는 5천 명의 어린이들이 굶주리고 있다는 사실보다 우리의 아이가 마약을 하고 있다는 의심에 더 많은 걱정을 하게 된다. 그래서 우리에게는 그 두려움을 몰아낼 수 있는 희망을 가져다주는 강한 약속이 필요하다.

수천 명의 아이들이 내가 안타깝게 지켜보는 가운데 아무런 의식 없이 졸업장을 받고 고등학교에서 밀려나오고 있었다. 어떤 학생들은 스탠퍼드나 UCLA와 같은 학교들로 우회하여 밝은 미래를 향해 가고 있다. 하지만 꿈도 없고, 어디로 가고 있는지, 또 가고 싶은 곳이 있어도 어떻게 가야 하는지 혼란스러워 하는 학생들은, 자신의 꿈이 실현될 것이라고 믿는 졸업생 한 명 대비 150명 꼴이다. 그들은 오늘보다 내일이 나을 것이라는 약속이 꼭 필요하다.

매년 6월이면 수천 명의 커플들이 특별한 생각 없이 목회자 앞에 서서 그들을 띄워 줄 마법 같은 말들을 기다린다. 하지만 사랑의 힘이 이미 수년 전부터 약해지고, 타성에 젖거나 증오심이 자리 잡기 시작해 함께 날 수조차 없게 된 커플들은 그 사랑의 하늘을 함께 날아갈 준비가 되어 있는 커플 한 쌍 대비 백여 명에 달한다. 오늘 그들의 삶이 힘들지라도 내일은 나아질 것이라는 약속이 그들에게는 꼭 필요하다.

만여 명의 꿈 없는 MBA 졸업생들이 올해도 '회사에서 앞서 가기 위한' 경쟁에 뛰어들고 있다. 이는 자유시장경제의 화려한 상품들을 얻기 위해 벌이는 위대한 전쟁이다. 하지만 아침 9시부터 저녁 5시까지 원하지도 않는 직업에 권태를 느끼고, 상처 받고, 지쳐가거나, 얻을 수 없는 직업을 바라며 무거운 마음으로 살아가는 남녀는 새롭게 성장하는 젊은 임원 한 명 대비 3만 명에 이른다. 내일은 오늘과 다를 것이라는 약속이 그 누구보다 필요한 사람들이다.

이러한 사람들에게, 그리고 미래에 대한 하나님의 좋으신 계획에 대해 잊고 지내는 모든 사람들에게, 바울의 놀라운 말을 전해주고자 한다. "은혜가 너희와 있을지어다." 오늘 하루를 살아가기도 힘이 들 때, 내일은 나아질 것이라고 믿을 수 있는 힘을 주는 약속의 은혜를 말이다.

머릿속으로는 지금의 삶이 절망에 얼어 붙어 있다고 생각될 때, 전문가들이 답이 없다고 말할 때, 심지어 신학자들이 하나님이 당신의 삶을 운명의 손에 넘겨주었다고 말할 때, 미래는 당신을 위한 하나님의 놀라우신 하나님의 뜻에 달려 있다는 위대한 약속의 은혜가 함께하길 기도한다.

왜 은혜를 놀랍다고 하는가? 은혜가 놀라운 이유는 상식에서 어긋나게 작용하기 때문이다. 완고한 상식으로는 거룩하신 하나님의 기준에 맞추기에는 당신이 너무 잘못한 것이 많다고 느껴지겠지만 용서의 은혜는 당신 안에 잘못의 크기에 상관없이 모든 것이 괜찮다고 말한다. 현실적인 상식으로는 당신이 너무 약하고, 너무 많은 상처를 받았고, 나아지기에는 너무 인간적이라 생각되겠지만, 은혜는 더 나은 사람이 될 수 있도록 당신에게 힘을 준다. 평범한 상식으로는 스스로 운명의 굴레에 묶여 있고 보잘것없는 사람이라 스스로 느껴지겠지만 은혜는 스스로 만든 오늘보다 하나님께서 더 나은 내일을 살게 해 주실 것이라고 약속한다.

모든 것이 한 순간에 완벽하게 이루어질 것이라 기대하면 물론 실수도 하게 된다. 조금씩 이쪽에 가벼운 힘으로, 저쪽에 한 줄기 희망으로 다가올지도 모른다. 한번에 인생의 한 분야씩 일어날지도 모른다. 모든 이야기가 한 장에서 마무리될 것이라 기대해서는 안 된다. 가졌다가 잃을 수도 있고, 다시 찾아야 할 수도 있다. 하지만 주님께서는 은혜로 당신이 걸어가는 길 가운데 그 용서와, 힘과 약속의 새 바람을 찾도록 해 주실 것이다. 이 책을 읽고 있는 지금 이 순간에 일어나고 있는지도 모른다. 주변에서 사람들이 이야기하고 있는 순간에 다가올지도 모른다. 아침에 일하러 가는 길에, 또는 신호등에 걸려 서 있을 때 일어날지도 모른다. 또는 한밤중에 다가올지도 모른다.

변하지 않을 진실은, 모든 사람을 구원하신 하나님의 은혜가 임한다는 것이다. 당신이 어떻게 지금의 그 자리에 오게 되었는지에 관계없이, 당신의 조건들이 얼마나 비참하든, 당신이 얼마나 상처

를 받았든, 희망이 전혀 없다고 느껴도, 당신의 삶의 중심은 '괜찮을 수 있다.'

그러니 이제 나와 함께 우리의 민감한 부분들을 다시 살펴보고 잘못 돌아가고 있는 이 세상에서 잘못된 것들을 바로잡는 한 가지 기능을 가진 은혜가 우리를 감싸고 있다는 사실을 어떻게, 어디서, 언제 이해할 수 있는지 알아보자. 주위를 살펴보면, 예전에 처해 있던 상황에 다시 처한 자신을 발견하게 될 것이다. 나는 당신의 홈그라운드에서 당신을 이끌어 줄 뿐이다. 은혜가 닿은 삶의 부분들을 지나고 살펴봄으로써, 당신을 감싸고 있는 그 은혜를 받아들이고자 하는 마음이 생겨나길 바란다.

개집에서 살 필요 없다!

_ 기쁨의 선물

> 이 날은 여호와께서 정하신 것이라
> 이 날에 우리가 즐거워하고 기뻐하리로다(시 118:24).

우리는 기쁨을 위해 창조되었고, 그것을 놓친다면 우리는 우리의 존재 이유 자체를 놓치게 된다! 또한, 예수 그리스도가 이 땅에서 살고 죽은 이유는 우리가 잃어버린 그 기쁨을 다시 회복하도록 하기 위한 것이었다. 예수님은 직접 우리에게 말씀하셨다. 그가 이 땅에서 하신 모든 말씀은 결국 한 가지 목표로 이어진다. 우리가 그의 기쁨에 동참하는 것이다. 교회가 모든 인간의 최고 목적은 하나님을 영화롭게 하고 영원히 그를 기뻐하는 것이라 가르치는 것은, 예수님의 가르침을 그대로 전하는 것이다. C. S. 루이스는 이를 깨닫고 하늘의 가장 중요한 일은 기쁨이라고 했다. 나는 여기에 이 땅 위에 가장 중요한 일도 기쁨이라 덧붙이고 싶다. 그래서 우리가 기쁨에 대해서 생각할 때에는 삶의 가장 깊은 비밀에 다가가고 있다고 믿어도 된다. 감정적 설렘이나 심리적 탐닉을 이야기하는 것이 아니다. 삶의 본질에서 괜찮음을 발견하는 것을 말하는 것이다.

기쁨이 인간의 운명이라면, 그것은 동시에 인간의 욕구이기도 하다. 우리는 모두 즐기길 원한다. 기쁨을 이야기하기엔 너무 진지하다는 등의 위선적인 말은 하지 말자. 인정할 것은 인정하자. 우리가 계속 살 수 있는 것은 우리에게도 어느 날 밤 종이 울리고 '할렐루야'가 울려 퍼질 것이라는 희망이 있기 때문이다. 섬김만을 고집하고 즐거움은 전혀 필요 없는 것처럼 행동하는 사람들은 모두 거친 사람들이고, 약간 사납기까지 한 사람들이라고 감히 말할 수 있다. 고대의 시인은 우리에게 창조의 목적대로 우리가 진정 원하는 것을 행하라고 한다.

이 날은 주가 지으신 날
우리 모두 기뻐하고 즐거워하세.

이 고대 시인은 인간의 갈망을 노래하고 있다. 그럼 도대체 무엇이 문제인가? 문제는 우리가 창조되고 구원 받은 이유와 목적을 이행하는 것을 너무나 어려워한다는 것이다. 덴마크 종교철학자인 키르케고르(Kierkegaard, Soren Aabye)는 이를 다음과 같이 표현했다.

우리는 대부분 자신을 위한 저택을 짓는데 인생을 보내고, 결국 개집에서 살기로 선택한다. 또는 존 번연의 슬픈 표현에서처럼, 우리는 어두운 방 중간에 있는 동굴에 스스로를 가두고는 하나님께서 우리를 그곳에 가두었다고 불평한다.

요약하자면, 기쁘기 위해 이 날이 우리에게 주어졌고, 기뻐하도록 하기 위해 삶이라는 선물을 받았음에도 불구하고 우리는 그 기쁨의 운명을 거부한다는 것이다.

우리가 어떻게 하면 그 개인적인 개집에서, 다시 말해 죄의식, 두려움, 분노, 원한 등 우리 영혼의 개집에서 나와 주님이 지으신 이 날을 기쁨으로 들어갈 수 있는지 생각해 봐야 할 이유는 충분하다. 지금부터 기쁨에 대한 세 가지 질문을 제시하고 그 질문에 대한 답을 제시하고자 한다. 이 질문들은 내 기쁨이 어디로 흘러갔는지 생각해 볼 때 떠오르는 질문들이다. 기쁨은 무엇인가? 기뻐할 권리는 어디서 얻는가? 무엇이 기쁨을 방해하는가?

기쁨은 무엇인가?

이 질문에 답을 하기 위해서는 우리 각자가 삶에서, 특별한 기쁨이 있었던 순간을 떠올리고, 그 기억을 놓지 않고 돌아보아 그 순간이 기쁨의 이야기가 될 수 있도록 해야 할 것 같다. 내게 있어 기쁨의 이야기는 바이올리니스트인 아이작 스턴(Isaac Stern)과 로스앤젤레스 필하모닉 오케스트라의 콘서트를 본 다음날 밤으로 돌아간다. 그가 연주한 로맨틱한 콘체르토(concerto)는 내 마음에 불을 질렀고, 나는 큰 감동을 받았다. 우리 모두가 감동을 받았다. 우리는 그의 음악을 들었다. 그에게서 선물을 받았고, 그의 연주가 끝났을 때 우리는 그를 축복했다. 우리는 그에게 박수갈채를 보냄으로써 거룩한 축도를 했다. 그는 그 축복에 기뻐했고, 축복을 더 받기 위해 계속 돌아왔다. 그가 돌아왔을 때 우리는 기립 박수를 보냈다. 우리는 감사의 감격에 겨웠고, 나는 순간 그 콘서트보다 박수치는 것을 더 즐기고 있는 자신을 발견했다. 나는 그 이유를 알고 있었다.

스턴의 선물을 받고 축복을 해 주는 가운데 우리는 하나님을 따라 사는 삶의 의미를 실현하고 있었던 것이다. 우리는 진정으로 좋은 선물을 받았다. 그 선물은 스턴의 천재적 예술 감각으로 재탄생된 브람스의 위대한 작품이었다. 그 결과 우리는 그 선물에 대한 감사와 그 연주자를 축복하고자 하는 마음이 생겼다. 천국은 결국 재미있는 곳일지도 모르겠다. 어쩌면 하늘의 천사들이 부르는 끝없는 송영도!

기쁨은 삶의 일상적인 활동에 끼어드는 감사의 간주곡이다. 우리의 삶은 대부분 활동과 갈등의 연속이다. 많은 사람들은 기어가고, 망설이고, 올라가고 때로는 뛰는 데 시간을 보낸다. 시계처럼 항상 움직인다. 하지만 때로 기쁨은 그 움직임을 멈추게 한다. 우리가 선물을 받았다는 깨달음으로 삶의 시계의 지루한 움직임을 멈추게 한다. 이는 우리의 삶 자체가 하나님이 주신 선물이라 느낄 때 더 훌륭한 결과를 낳는다. 잠시 동안이라도 우리의 삶이 상처 주고 분노하게 하는 것들과 우리가 작고 어리석고 가짜인 것처럼 느끼게 하는 것들로 가득할지 모른다는 끊임없는 걱정을 멈추는 것이다. 삶이 지금, 이곳에 그리고 오늘, 하나님을 찬양할 가치가 있는 선물이라는 생각을 하게 될 때가 있다. 그럴 때가 오면, 이런 느낌이 들 때가 오면, 기쁨도 얻게 된다.

기쁨은 단순히 하나님을 경험하는 것만은 아니다. 물론 그의 아름다움을 볼 때 최고의 기쁨을 맛볼 수 있지만 말이다. 세상적인 기쁨도 있다. 내면의 기쁨뿐 아니라 외면의 기쁨, 무릎 꿇는 기쁨뿐 아니라 춤추는 기쁨, 기도하는 기쁨뿐 아니라 즐겁게 노는 기쁨이 있다. 삶이 좋다는 현실을 깨달을 수 있는 그 어떤 순간도 우리가 창조된 최고의 목적을 표현하는 이야기가 된다.

우리는 기쁨에 대해
어떤 권리를 가지고 있는가?

기쁨은 우리의 유산이고, 우리의 상속권이다. 기쁨의 문은 성령을 통해서만 열 수 있다. 우리가 얻으려고 노력할 필요가 없다. 기쁠 수 있는 권리가 있다는 것을 믿지 못하는가? 그렇다면 하나님의 말씀에 다시 한 번 귀를 기울이라. 하나님은 당신의 날, 이날을 만드셨고, 감사함으로 그날을 받을 권리를 당신에게 주셨다.

이날이다! 일단, 단순하게 말 그대로 받아들이면 된다. 달력의 한 칸, 오늘은 이 땅에서 한 덩어리의 시간을 나타낸다. 어제가 아닌 오늘, 아이들이 속 썩이기 전, 배우자와 불타는 사랑을 하던 시절, 훌륭한 승리자의 모습이던 때가 아닌 오늘 말이다.

내일이 아닌 오늘, 이 경쟁에서 벗어난, 꿈꾸던 미래가 아닌, 납세 범위 50퍼센트에 진입할 때가 아닌, 그리고 새 커리어를 마침내 성취한 내일이 아닌 오늘 말이다. 기억 저편의 아름다웠던 하루가 아니라, 환상의 꿈속에 있는 하루가 아니라, 바로 이날, 지금, 여기, 어떤 고통을 겪든 어떤 문제에 직면하고 있든 어떤 벌을 받고 있든 상관없이 바로 오늘 말이다. 바로 이날이다! 하나님이 만드셨고, 당신이 이날을 살도록 하셨으며 그 안에서 기뻐하는 것은 바로 당신의 양도할 수 없는 권리이다.

더 나아가, 하나님의 관점에서 이날이 갖는 의미를 바로 이해해야 한다. 시편 기자는 단순히 화요일, 금요일이라는 요일보다 더 크고 깊은 것을 보았다. 그는 구원의 날, 예수 그리스도의 부활, 그리고 그로부터 흘러나오는 모든 날이 안고 있는 모든 새로운 가능성을 보았던 것이다. 그래서 이날은 주님이 죽으시고 죽음에서 부활하셔서 매일의 승리자인 주님이 되심으로서 가능케 된 날이다. 달력상의 하루가 아닌 시작, 새 시대, 새로운 창조, 그리고 새 희망에 대해 이야기하는 것이다. 희망의 선물은 기쁨의 선물이다. 이것은 당신이 누릴 수 있는 권리이다. 하나님께서 그의 아들을 죽음에서 일어나게 하시고, 당신의 삶에 주인이 되게 하심으로 이날을 만드셨기 때문이다.

한발 더 나아가 보자. 시편 기자가 하나님께서 이날을 지으셨다고 말할 때, 그는 단순히 시간이나 달력의 한 칸 또는 일상생활에서의 한 시간에 대해 말하는 것이 아니었다. 그는 인간의 존재에 대해 이야기하고 있다. 한 사람의 삶이 바로 하나님께서 지으신 날이다. 스스로에게 이렇게 말해 보라. "바로 내가 오늘 하나님이 만드신 존재이다. 나는 나에게 주신 하나님의 선물이고, 나에게 내 삶을 주신 하나님을 축복한다." 이렇게 말할 때 당신은 '주님이 지으신 날'이 갖는 가장 깊은 의미를 실현하는 것이다. 마음속 깊은 곳에 당신이 하나님께서 주신 특별한 선물임을 깨달을 때, 당신은 기쁨에 대한 신탁 증서를 손에 쥐게 된다.

하지만 우리는 기쁨의 권리가 가지는 끔찍한 문제에 직면한다. 기쁨은 우리의 권리이다. 하지만 우리 시대의 진지하고 사려 깊은 그리스도인들에게 과연 기쁨이 어울리는가? 아이들이 굶어 죽어가고 있는 가운데 부유한 그리스도인들이 기쁨을 찾는 것이 올바른 것인가? 우리 모두에게 핵으로 인한 재앙이 닥칠지도 모르는 상황에서 기쁨을 원하는 것이 정상적인 일인가? 너무 많은 고통으로 가득한 세상에서 기쁨을 원한다는 것은 오히려 저속한 것이 아닐까? 우리의 기쁨이 아무리 작을지라도 정직할 수 있을까?

우리의 기쁨이 진정한 기쁨이라면, 어떤 방법으로든 인간의 비극과 조화를 이루어야 한다. 이것이 기쁨의 온전함에 대한 시험이다. 기쁨은 고통과 양립할 수 있는가, 아니면 쾌락주의자들의 피상적 집단의 싸구려 속임수에 불과한가?

아파하는 마음만이 기쁨을 누릴 권리가 있다. 아이들의 불필요한 죽음에 슬퍼할 수 있는 사람만이 하나님이 주시는 삶이라는 선물에 대해 감사할 권리가 있다. 끊임없는 인권침해에 시달리는 사람들의 고통을 이해하고 울부짖을 때에만 당신이 존재할 수 있다는 것에 진심으로 기뻐할 수 있다. 탬버린을 치고, 무아지경의 흥분 속에서 수천 가지의 방언을 할 수 있다 해도, 당신의 기쁨이 이 세상에 있는 하나님의 사람들의 비참함으로 단련되어지지 않는다면 그 방언은 제멋대로 지껄이는 것에 불과하다. 나는 거룩한 기쁨에 대한 두려움이 있다. 때로는 구원 받은 영혼들의 달콤한 인생의 노래처럼 들리기도 하고, 타인의 비극에 대한 현실과는 동떨어진 성화된 기쁨의 집에 사는 삶 같기도 하다.

과연 비극이 만연한 이 세상에 기쁨이 어울리는 감정인가에 대해 고민할 때, 나는 고통 받는 이들과 가장 가까이 있는 사람들의 모습을 통해 많은 격려를 얻는다. 구제 사역에 평생 헌신한 테레사 수녀에게서 신비로운 기쁨을 느낀다. 라틴아메리카의 비참한 빈곤층을 위해 살았던 돔 헬더 카마라 대주교에게서 강한 기쁨을 느낀다. 남아프리카의 흑인 형제자매들의 박해에 함께 아파하는 알렌 보삭에게서 거의 손에 잡힐 듯한 기쁨을 느낀다.

이 사람들이 발산하는 기쁨은, 비극이 최후의 단어가 아니라는 사실을 상기시켜 준다. 그래도 이 세상은 하나님 아버지의 세상이다. 태평양의 붉은 석양은 그의 태양이 지는 것이고, 모차르트의 교향곡 주피터(*Jupiter*)의 제 3악장도 그의 음악이며, 사랑스러운 손길은 그의 손길이다. 모든 실패한 이들에게 새로운 시작을 제안하는 십자가에 못 박혀 죽으신 구원자의 손길도 그의 손길이다. 그래서 나의 삶은 굶주리는 자들의 외침과, 박해 받는 자들의 열망 가운데에도 여전히 그가 나에게 주신 선한 선물이다. 나는 고통의 세상에서도 기뻐할 수 있다.

기쁨은 나의 내면에서도 고통과 양립할 수 있어야 한다. 고통 없는 기쁨을 약속하는 것은 낙천주의이고, 거짓일 뿐 아니라 속임수다. 정당한 기쁨은 고통과 함께 기쁨을 경험하는 것이어야 한다. 그리고 나는 그것이 가능하다고 생각한다. 왓츠보다 팜 스프링스

(Palm Springs)에 더 큰 기쁨이 있을지도 모른다. 기쁨은 기쁨의 여정의 최고 철정에서보다 고통의 틈에 끼어 있을 때 더 생생할지 모른다. 이생에서의 기쁨은 항상 '그럼에도 불구하고'여야 할지 모른다. 수술이 불가능한 뇌종양이 있는 사람의 기쁨이 18번째 홀에서 버디를 기록한 기쁨에 비해 한없이 더 클 것이다.

  어느 날 밤, 잠을 청하면서 내 삶에서 가장 기뻤던 순간들을 떠올려 보았다. 생각이 흘러가는 대로 두었다. 헛간의 서까래에서 뛰어내려 새로 깎은 달콤한 건초 더미에 떨어지던 생각을 했다. 최고로 행복한 순간이었다. 하지만 내 생각은 내 인생의 가장 고통스러웠던 몇 년 전의 순간으로 흘러갔다. 첫째 아이를 잃었을 때다. 그때는 마치 그 일이 하나님의 변덕 때문인 듯 느껴졌고, 하나님께 나아갈 마음이 전혀 생기지 않았다. 우주의 사기꾼에 의해 갈기갈기 찢겨진 기분이었다. 그리고 그 후 얼마 동안 나는 다시는 웃지 못할 것이라 생각했다.

  하지만 그때, 나도 모르게 기적적인 관점의 전환을 통해 표현할 수 없는 이상한 느낌을 받았다. 내 삶, 우리들의 삶이 그럼에도 불구하고 좋은 것이고, 우리에게 주어진 것이기 때문에 선한 것이고, 삶의 가능성은 여전히 헤아릴 수 없을 정도로 많다는 생각을 하게 되었다. 남겨진 고통의 틈새에서 그 어떤 것도 설명해 줄 수 없는 주어짐을 느꼈다. 하나님의 그 귀한 선물에 대해 주체할 수 없는 감사가 흘러나왔다. 그리고 그것은 고통 가운데 느끼는 기쁨이었다. 돌아보면, 그 이후로 그때만큼 명확하고 강한 구원의 감사와 감격을 느낀 적이 없었다. 그렇게 깊고 진실한 기쁨을 느낀 적이 없었다.

그렇기 때문에 우리는 기쁨이 즐거움과 같지 않다는 것을 기억해야 한다. 우리는 즐거움에 기뻐하는 동시에 기쁨을 위해 산다. 그리고 그 기쁨은 즐거움이 재가 되는 순간에도 느껴지는 것이다. 기쁨과 즐거움을 함께 누릴 수 있다면 그렇게 하라. 하지만 우리가 사는 세상의 기쁨은 고통과 함께 있는 것이 더 익숙하다. 기쁨은, 모든 것이 잘못된 것처럼 느껴질 때도 괜찮다고 느낄 수 있는 것이다.

무엇이 우리의 기쁨을 막는가?

이 암울한 날들 가운데에서도 진정 우리의 삶에 기쁨이 가능한가? 기쁨을 얻기 위해 우리가 해야 할 것이 있는가? 기쁨을 맞이하기 위한 준비를 해야 하는가, 아니면 항상 예상치 못한 순간에 닥치는 깜짝 선물인가? 어쩌면 우리는 기쁨을 만들어 낼 수 없을지도 모른다. 하지만 기다리고 있는 선물을 거부할 수는 있다. 우리는 기쁨을 차단할 수 있다. 기쁨에 대해 마음을 닫을 수 있다. 인생의 끊임없이 굴러가는 바퀴 자국에 스스로를 가둘 수도 있다. 너무 바빠서 우리가 사는 날들에서 기쁨을 몰아낼 수도 있다. 삶을 너무 진지한 것으로 생각해 기쁨에 대한 욕구 자체를 잃을 수도 있다.

 우리는 각자 기쁨을 죽이는 기술을 가지고 있다. 첫째로, 우리가 어떻게 다른 사람의 기쁨을 죽이는지 이야기하려 한다. 우리는 타인이 선물을 주는 기쁨을, 그 선물이 무엇이건 간에 누리지 못하도록 방해함으로써 다른 사람의 기쁨을 죽인다. 또는 선물에 대한 감사를 표현하지 못하도록 할 때 그들의 기쁨을 앗아간다. 그리고 그들이 주는 선물이 가치가 없다고 느끼도록 함으로써 사람들의 기쁨을 죽인다.

 안 좋은 경험 한 가지를 예로 들어보겠다. 큰누나가 나에게 준 선물에 관한 이야기이다. 우리 가족 중에는 누나만큼 재주가 많은 사람이 없다. 그녀의 재주는 사람들을 위해 멋진 옷을 만들어 주는 것이었다. 얼마 전 나는 미시간으로 그녀를 만나러 갔고, 조카가 입고 있는 멋진 점퍼를 보게 되었다. 그 점퍼가 참 잘 어울린다고 말하자, 그는 "엄마가 만들어주셨어요."라고 말했다. "멋지다!"라고 나는 대답했다. 그러자 누나가 나에게 이렇게 물었다. "비슷하게 하나 만들어 줄까?" 나는 그것이 가능할까 궁금해 했다. "물론이지, 별 것 아니야." 그래서 그녀는 나의 치수를 재고 내가 좋아하는 모직 옷감을 얼마만큼 보내라고 했다. 그 다음에 미시간을 방문할 때, 점퍼는 완성되어 있을 것이다. 조금 걱정스러운 마음으로 동의했지만 정말 맞을까?

몇 달 후, 무슨 일로 나는 또 미시간에 가게 되었다. 점퍼에 대한 생각과 나에게 잘 어울리지 않으면 실망할 누나의 모습을 생각하느라 정작 그 볼 일에는 별 관심이 없었다. 어머니의 집 거실에 앉아 있는 동안 나는 누나 차가 들어오는 것을 보았고, 금색 점퍼를 들고 차에서 내려 현관문으로 향하는 누나를 보았다. 누나가 들어와 우리는 담소를 나누었지만, 내가 너무 긴장한 나머지 그 담소는 오래 가지 못했다.

나는 점퍼를 입었다. 그리고 돌아보았다. 앞, 옆, 뒤, 거울을 보았다. 점퍼가 딱 맞았다. 이런 놀라운 일이! 하나님께 영광을, 점퍼가 맞는다! 누나의 눈에서 기쁨의 빛을 보았다. 그녀는 선물을 직접 만들어 나에게 준 것이다. 나는 누나와 손을 잡고 춤이라도 추고 싶은 심정이었다. 그러나 그때, 이 부분이 바로 끔찍한 부분이다. 의자에 앉아 계시던 어머니의 목소리가 들려왔다. "색이 마음에 안 들어."

어머니의 마음속에 무엇인가가 그 기쁨을 죽여야 한다는 생각을 하게 한 것이다. 내가 감히 성인 같은 나의 어머니의 이야기를 하는 것은, 어머니가 그렇게 사랑하는 사람들의 기쁨을 죽일 수 있다면, 나 역시도 그럴 수 있기 때문이다. 단지 줄 것이 무엇이든 간에 줄 수 있어 기쁘고, 기꺼이 마음을 열어 받는 것이 무엇이든 간에 받아서 기쁘지 말아야 할 그럴싸한 이유를 한 가지만 찾아보자. 그 단 한가지의 이유가, 아무리 정당할지라도, 베풂과 감사의 황홀한 순간을 묵살하게 한다면 당신은 그 기쁨을 죽이게 된다. 그리고 그 기쁨을 죽이면, 인생의 가장 매력적인 선물을 죽이게 된다.

그럼 이제 우리 안의 기쁨을 죽이는 것에 대해 이야기해 보기로 하자. 우리 모두의 내면에는 각자 그 기쁨을 죽이는 악마가 있다. 경솔하다는 평가를 받을 것을 각오하고, 내 안의 기쁨을 죽이는 최악의 세 가지에 대해 이야기하겠다.

미덕에 관한 열망

이 악마는 사람들로 하여금 기쁨을 누릴 만큼의 선행을 하지 않았다는 의심을 하게 한다. 이는 사람들이 기쁨을 누려도 괜찮다고 믿을 수 있는 근거가 되는 선행을 하염없이 쫓게 만든다. 하지만 선행은 기쁨으로 가는 길이 아니다. 하나님의 사람들 사이에 퍼진 가장 어리석은 이단은, '선행은 그 자체가 보상'이라는 믿음이다. 개인적으로 맹렬한 선행의 공격을 받고 이를 이겨내 왔지만 절대 그 자체로 보상이 아니었다고 확실히 말할 수 있다. 기쁨을 마땅히 누릴 수 있을 만큼의 선행이란 신기루에 불과하다. 영원히 닿을 수 없는 곳이다. 그리고 그것의 추구는 결국 당신을 절망의 사막으로 밀어 넣을 것이다.

선행은 우리에게 너무 많은 것을 요구한다. 기쁨으로 보답 받기 위해 선행을 하는 것은 마치 발 디딜 곳도 없으면서 세계를 짊어지려는 것과 같다. 오히려 그것은, 얻으려 하는 기쁨까지도 완전히 뽑아간다.

실제로 선행을 쫓고 열망하는 우리와 같은 사람들은 선행보다 그에 대한 명성을 원한다. 그리고 우리는 절대로 명성에 대한 확신을 가질 수 없기 때문에 항상 누군가 우리의 실수를 보고 우리의 모습이 가짜라는 사실을 알게 될까봐 두려워한다. 선행을 쫓는 것은 항상 위선과 걱정의 온상이다. 설상가상으로 우리는 어리석게도 실제로 스스로의 선행을 믿고 현혹되어 스스로를 평가하고, 친구들이 지루해 죽고 싶도록 만들 수도 있다.

선행에 대한 열망은 우리 삶의 은혜를 부인하는 것이다. 그리고 은혜를 부인하는 것은 기쁨을 죽이는 모든 요인 중 가장 치명적인 것이다.

완전한 책임감

우리 중에는 세상의 모든 죄악에 대한 책임이 나에게 있다는 환상을 키우는 사람들이 있다. 우리는 하나님께서 우리에게 예수님만이 질 수 있는 그 부담을 우리도 지기를 원하신다고 생각하는 어리석음을 범한다. 하지만 이 완전한 책임감은 민감하고 도덕적인 사람들을 공격하는 특수한 악마의 계교일 뿐이다. 이 공격은 사람들로 하여금 모든 박해 받는 사람, 모든 굶주리는 아이, 그리고 인종 차별의 모든 피해자들에 대해 전적인 책임감을 느끼도록 유혹한다. 만약 그들이 부모라면, 자신들의 성인 자녀들이 하는 모든 일들에 대해 책임을 느끼도록 하고, 그들의 실패에 대해 죄책감을 느끼고 그들의 성공을 자신의 명예로 생각하게 한다. 다른 사람들의 고통과 스스로의 책임감에 더 민감할수록 책임감이라는 악마의 공격에 쉽게 노출되어, 하나님은 무한하시고 우리는 그렇지 못하다는 사실을 잊기 쉬워진다.

교황 요한 23세에 관한 아름다운 이야기가 있다. 아주 진지한 추기경 한 사람이 현대 사회의 해결되지 않은 비극들을 해결할 수 있는 결정적인 조치를 취해 달라며 그를 쫓아다녔다. 교황은 간청하는 추기경의 어깨에 손을 올리며 그 역시도 온 세상에 대한 전적인 책임감을 느껴야 할 것 같은 유혹을 안다고 말했다. 또한 교황은 밤에 교황의 침실에 들어와 '이봐 요한, 너무 심각하게 고민하지 마.'라고 말한 천사에게 개인적으로 도움을 받았다고 했다. 솔직히 나도 교황 요한처럼 다정한 천사가 필요할 때가 있다.

문제의 재앙화

세 번째 악마는 모든 문제를 재앙의 규모로 과장하게 만든다. 안 좋은 문제에 직면할 때마다, 대재앙이 발생했다고 느끼도록 하는 것이다. 하나님은 재앙을 문제로 바꾸신다. 나의 악마는 단순한 문제를 거대한 재앙으로 착각하도록 유혹한다. 당신도 나와 같은 경험을 갖고 있다면, 우리는 같은 방법으로 기쁨을 죽이고 있다. 통장 잔고가 마이너스로 내려갔고, 당신은 재정적으로 큰 위기에 닥쳤다고 느낀다. 딸이 마약을 했다는 것을 알고는 아이들이 타락했다고 생각한다. 배우자와 크게 싸웠고, 그 결과 당신은 이미 이혼할 준비를 하고 있다. 이렇게 우리 안의 악마가 만연하면 우리는 균형을 잃게 되고 악마가 우리를 혼란시킨다.

우리 중에는 심각한 건강 염려증 환자도 있다. 모든 가슴 통증은 그동안 걱정하던 심장 동맥 질환이며, 모든 독감은 심각한 폐렴이다. 악마는 건강 염려증을 이용해 기쁨을 빼앗아 가고 그 대신 두려움을 불어넣는다.

나의 첫째 아들은, 어릴 적에 과장이 심하고 건강을 심하게 염려했으며, 모든 문제를 과장하여 생각하는 경향이 있었다. 하루는 날카로운 무언가에 볼을 베어서, 바닥에 피가 떨어지는 것을 보고 당황을 해서는 "나는 죽을 거야, 나는 이제 죽는 거야!"라고 소리쳤다. 그리고는 시간이 얼마 지나지 않아, 그는 잠시 조용하더니 이내 이렇게 소리쳤다. "나는 이미 죽었어!" 물론 이성적으로 그 상황을 설명하고, 그렇게 극적일 수 있는 것은 아마도 살아 있기 때문일 것이라고 아이를 설득했다. 하지만 이 같은 건강 염려증은 많은 사람들을 지배하고 기쁨을 앗아간다.

우리 중에는 영적인 문제를 과장하여 재앙이라 여기는 사람들도 있다. 우리는 단순히 실수를 하는 것이 아니다. 때로 실수를 한다는 사실 자체를 인정하지 않고 싶어 한다. 그리고 죄를 짓고 나면 영적으로 황폐해졌다고 생각한다. 한번의 실수보다 목에 맷돌을 걸고 다니는 것이 낫다고 생각한다. 이렇게 기쁨이 없는 구렁텅이에 빠질 때면, 내 안의 악마가 다음과 같이 말한다. "무능한 사람아, 당연히 당신 안에는 영적 힘이 하나도 없지. 정말 싫어, 어리석은 죄인 같으니, 지렁이 같은 당신한테는 희망이 없어." 그때 하나님께서 우리의 관점을 넓혀 주신다. "조심해, 친구. 그동안 그 성질 때문에 문제가 좀 있었지? 같이 고쳐보자고." 기쁨을 죽이는 악마는 모든 영적인 실수를 마치 영원히 하나님께 버림 받는 것으로 생각하게 만들고, 모든 문제를 희망 없는 재앙으로 생각하게 한다. 주님은 그 재앙을 우리가 이겨낼 수 있는 문제로 바꿔 주신다.

악마여 물러가라! 우리의 문제를 과장하여 생각하는 것은 혼란에 굴복하고 하나님께서 우리의 삶 가운데 역사하신다는 사실을 부인하는 것이다. 성령은 우리에게, 실재 재앙도 하나님의 도우심을 통해 바뀔 수 있음을 믿으라고 말한다. 그러니 삶이 어려울 수 있다는 사실을 시험해 보고 깨달았을 뿐인데 자신이 마치 폐인이 된 것처럼 생각하는 것이 얼마나 어리석은 일인가.

나는 우리가 기쁨의 권리를 얻을 수 있다고 생각하지 않는다. 기쁨은 항상 우리에게 선물로 주어지는 것이다. 기쁨은 기쁨의 성령을 통해서 온다. 하지만 우리 안에 그 기쁨을 죽이는 요인들을 발견하고 하나님께서 그 요인들을 몰아내시도록 할 수는 있다.

우리가 저지를 수 있는 최악의 실수가 기쁨을 느끼려 하기보다 기쁨에 대해 이야기만 하려는 것일지도 모른다. 도스토예프스키는 『우스운 자의 꿈』(*the dream of a ridiculous man*, 작가정신)을 통해서 이와 같은 주장을 한다. 나름 대로 그 이야기를 요약해 보았다.

한 불쌍한 사람이 있었다. 그는 자살을 함으로써 주변의 모든 사람에게 벌을 주리라 생각했다. 자살을 통해 복수를 하겠다는 것이다. 그래서 그는 죽을 날짜를 정했다. 그가 정한 날이 왔고, 날이 어두워지기 시작하자 그는 권총에 총알을 넣고, 우울한 식탁에 앉아 마음의 준비를 했다. 그리고 총을 팔꿈치에 겨냥한 채 잠이 들었다. 곤히 자는 동안 그는 아름다운 꿈을 꾸었다.

그는 다른 세상에 있었다. 우리가 사는 곳과 비슷하지만, 한가지 다른 점이 있었다. 그곳의 사람들은 기쁨에 넘쳐 있었다. 그들 모두가 항상 기뻐하고 있었다. 꿈꾸는 사람은 그들을 바라보며 궁금해 했다. 저들은 어찌 저렇게 기쁠 수 있을까? 그는 남자들에게 다가가 기쁨에 대한 그들의 비밀을 물었다. 그러나 모든 남자들은 이렇게 대답했다. "기쁨이요? 그 말이 무슨 뜻인지 모르겠는데요." 그는 또 여자들에게 다가갔다. "기쁨의 비밀을 알려 주세요." "당신이 무슨 말을 하시는지 모르는데 어떻게 말씀드릴 수가 있나요?" 그는 아이들에게 다가갔다. "너희들은 왜 기쁘니?" 그러자 그들 역시 웃으며 그에게 그가 하는 이상한 말을 알아들을 수 없다고 말했다.

결국 그는, 기쁨이 넘치는 사람들은 기쁨을 이해할 필요가 없다는 사실을 깨닫는다. 그들은 그냥 기쁜 것이다. 하지만 그때 끔찍한 일이 일어나기 시작했다. 그가 너무 많은 질문을 하고 그들을 혼란스럽게 한 결과, 그들이 기쁨에 대해 생각하기 시작한 것이다. 그들은 기쁨에 대해 이야기하기 시작했다. 그들은 밤이 늦도록 기쁨에 대해 토론했다. 그들은 학자들에게 안식년을 주어 기쁨에 대한 이론을 정립하고 논문을 쓰도록 했다. 그들은 끊임없이 기쁨에 대해 이야기했고 그에 대해 노래를 짓기 시작했다. 꿈꾸는 자는 그들이 기쁨에 대해 이야기하는 동안 그들에게 충만했던 기쁨을 잃어가고 있다는 끔찍한 사실을 깨달았다. 자신 때문에 그들이 기쁨을 잃어가고 있었던 것이다!

그래서 그 꿈꾸는 자는, 자신이 저지른 일을 깨닫고, 사람들에게 그들이 큰 실수를 저질렀으며, 절망으로 떨어지고 있다는 사실을 선포하기 시작했다. "기쁨에 대해 이야기하지 마십시오. 여러분은 기쁠 수 있습니다. 기쁨에 대해 글을 쓰지 마세요. 기쁨을 누리세요. 중요한 것은 기쁨에 대해 어떤 생각을 하느냐는 것이 아닙니다. 기쁨의 선물이 문 앞에 있어요. 받으세요!"

그러자, 아무것도 알지 못할 때는 기쁨에 사로잡혀 있던 그들이 이렇게 말했다. "정말 어리석은 사람이군요. 그리고 당신이 하는 말은 우스꽝스러운 자의 꿈이에요." 그들은 다시 열변을 토하기 시작했다. 어떤 사람들은 삶에 절망하여 결국 죽었다. 그들은 기쁨의 실재를 기쁨에 대한 개념과 맞바꾼 것이다.

다른 때, 다른 곳에서, 다른 사람 예수님이 우리에게 오셔서 많은 것들에 대해 이야기하셨다. 그리고 떠날 때가 되자 그는 이렇게 말씀하셨다. "내가 이것을 너희에게 이름은 내 기쁨이 너희 안에 있어 너희 기쁨을 충만하게 하려 함이라"(요 15:11). 그리고 이제 성령이 우리에게 다가와 주님이 우리를 위해 이날을 지으셨기 때문에 기쁨은 우리가 태어날 때부터 갖는 권리임을 믿게 도우신다. 우리의 날들을 선물로 받아들일 수 있는 힘이 있을 때 우리는 기쁨의 집으로 들어간다. 그리고 나를 둘러싼 현실의 모든 것이 잘못되었을 때에도 괜찮을 수 있는 또 하나의 방법을 발견하게 된다.

새로운 시작에
위험을 무릅쓰면 승리할 수 있다

_ 용서의 선물

{ 만일 우리가 우리 죄를 자백하면
그는 미쁘시고 의로우사 우리 죄를 사하시며 (요일 1:9). }

마이클 크리스토퍼의 연극 〈검은 천사〉(*The Black Angel*)는 관객 모두에게 죽음 다음으로 가장 고통스러운 질문을 끝없이 하게 만든다. 바로 용서에 대한 질문이다. 우리가 누군가를 용서할 때 우리는 무엇을 하게 되는가? 누군가에게 우리가 용서를 받을 때 우리는 무엇을 받게 되는가? 두 사람 사이에서 한 사람은 용서를 하고 다른 사람은 용서를 받을 때에 어떤 일이 일어나는가? 그리고 그 일이 이뤄지는데 왜 기적이 필요한가? 크리스토퍼의 연극은 엥겔이라는 전직 독일군 장교에 관한 이야기다.

그는 프랑스의 작은 마을에서 부인과 새로운 삶을 시작하려고 한다. 그는 뉘른베르크 전범 재판소에서 형을 선고 받고 30년간 복역했다. 신분을 숨긴 그는 희망을 갖고, 산속에 집을 짓고 있었다. 그의 과거는 감옥에서 30년의 시간을 통해 그 값을 치르고, 엄청난 죄책감과 함께 영원히 묻어 두었다. 그는 모든 것을 잊으려고 노력했다. 그리고 새롭게 시작할 권리를 얻었다.

하지만 모리라는 한 프랑스 기자는 그 어느 것 하나도 잊지 못했다. 그의 가족 모두는 전쟁 초기 엥겔의 군대가 침략한 마을에서 학살당했다. 그 마을 사람들은 한 사람도 빠짐없이 엥겔의 군사들의 총에 맞아 죽었다. 모리는 그 과거를 절대 잊을 수 없었다.

30년 동안 그는 복수를 계획해 왔다. 뉘른베르크 재판소가 엥겔에게 사형선고를 내릴 수 없다면, 직접 사형선고를 내리겠다고 결심했다. 30년이 흐른 지금 때가 왔다. 그는 마을에 들어가 그 마을의 과격론자들과 극도로 예민한 사람들 내면에 있는 분노의 불씨에 불을 붙였다. 그리고 그들은 함께 산에 올라가 엥겔의 집에 불을 지르고 그 전직 장군을 총살할 계획을 세웠다.

하지만 모리에게는 여전히 답을 구하지 못한 질문들이 있었다. 그는 엥겔에게서 그에 대한 답을 듣기 원했다. 그래서 그는 복수를 자행하기로 한 날 오후 엥겔의 집으로 가 놀란 엥겔에게 자신을 밝히고 노인이 된 엥겔을 오후 내내 심문했다.

그는 그 끔찍한 이야기를 제대로 알아야 했고, 엥겔이 그 어떤 비밀도 무덤으로 가져가지 못하도록 구체적인 사실까지 알아야 했다. 하지만 그날 오후 대화가 오고가면서, 모리는 복수가 옳은 일이 아닐지도 모른다는 생각을 하기 시작했다. 30년 만에 처음으로 모리는 의구심이 들기 시작했다. 그는 자신을 엥겔의 영혼에 이입시켰고 마음이 찢어지는 아픔을 느꼈다. 모리는 생각을 바꿨다. 그는 마을 사람들이 그날 밤 그를 공격할 것이라고 엥겔에게 경고했고 그를 안전한 곳으로 데려가 주겠다고 약속했다.

엥겔 장군은 오랜 침묵 끝에 대답했다. 떠나겠지만, 한 가지 조건이 있다고 했다. 모리가 자신을 용서해야 한다는 조건이었다. 모리는 그럴 수가 없었다. 그는, 엥겔을 위험에서 구해 줄 수는 있었지만 그를 용서할 수는 없었다.

그날 밤 마을 사람들이 엥겔의 집에 무리를 지어 몰려왔다. 얼굴 없는 폭군들의 비겁한 용기와 얼굴을 가려야만 얻을 수 있는 용기를 가지고 그들은 왔다. 그들은 그 집을 불태우고 엥겔과 그의 부인을 총으로 쏴 죽였다.

연극은 우리에게 용서에 대한 해답을 갈구하도록 한다. 엥겔이 삶 그 자체보다 더 원한 것은 과연 무엇이었나? 무엇을 그토록 원했기에 그것 없이 살기보다 죽음을 택했을까? 모리가 차마 줄 수 없었던 복수보다 더 큰 그것은 무엇이었을까? 우리가 용서라고 부르는 이 기적은 과연 무엇일까?

하나님의 약속의 말씀을 다시 기억해 보자. "만일 우리가 우리 죄를 자백하면 그는 미쁘시고 의로우사 우리 죄를 사하시며"(요일 1:9). 이 구절은 하나님께서는 용서하신다고 말하고 있다. 이 구절은 모리가 하지 못했던 것을 할 수 있는 하나님의 변하지 않는 자유에 대해 이야기하고 있다. 하지만 하나님의 용서의 모델은 서로 소원한 두 사람 사이에서 일어날 수 있는 용서의 모습이다. 하나님이 그 방법을 보여 주신다.

자백과 용서의 밀접한 관계를 기억하라. "만일 우리가 자백하면 그는 용서하신다." 이 말씀을 있는 그대로 받아들이지 않고 확대 해석하면 우리의 삶은 더 힘들어질 것이다. 성경은, 우리가 자백하지 않으면 용서 받지 못할 것이라고 말하지 않는다. 단지 우리가 자백하면 용서를 받을 것이라고만 말한다. 자백하지 않은 죄에 대해서 하나님이 어떻게 하실지는 무한하신 그분의 자비의 영역이다. 우리는 확실히 보장되어 있고 손실이 없어 보이는 약속만 붙잡는다. "만일 우리가 자백하면, 그는 용서하신다."

자백이 용서에 관한 대화의 첫 단어이기 때문에 우리는 두 가지 질문을 해야 한다. 자백이 무엇인가? 그리고 용서는 무엇인가?

자백은 무엇인가?

우선, 죄를 자백하는 것은 죄에 대해서 이야기하는 것과 절대 같을 수 없다. 만일 죄에 대해 이야기하는 것이 자백과 같다면 우리 사회는 죄를 자백하는 광장이 될 것이다. 지구상의 그 누구도 우리처럼 '모두 드러내 놓지' 않는다. 연예인들은 서로 비밀스러운 죄들과 따끈따끈한 기사 원고를 가지고 출판사로 달려가고, 참견하기 좋아하는 사람들에게 자신들이 알고 있는 사적인 소문들을 이야기하기 위해 서둘러 간다. 남의 삶을 들여다보는 국가가 되었다는 신념으로 많은 돈을 벌고 있다. 운전하면서 라디오에 출현하는 심리학자들의 토크쇼를 듣다가 사람들이 기꺼이 그들의 사적인 실수들을 방송의 심리 치료사들과 수백만 명의 청취자들에게 폭로한다는 사실에 나는 놀랐다. 하지만 우리의 비밀들에 대해 수다를 떠는 것은 죄를 자백하는 것과 같을 수 없다. 단순히 비밀을 폭로하는 것이지 자백이 될 수 없다.

둘째, 죄를 자백하는 것은 우리의 죄를 설명하는 것과는 다르다. 나의 잘못에 대해 설명할 준비는 거의 언제든 되어 있다. 나는 모든 사람들이 내가 저지른 실수들에 정상 참작될 수 있는 상황들을 이해해 주기 바란다. 내가 나쁜 사람이 아니라는 사실을 '당신'이 알았으면 한다. 나는 단지 노이로제의 희생양일 뿐이다. 내가 어린 시절 겪었던 안 좋은 경험과 나의 열정이 얼마나 통제하기 힘들었는지 안다면, 내가 행한 터무니없는 행동들을 이해했을 것이다. 모두 설명할 수 있다. 그날 오후 산에서, 엥겔 장군도 힘든 고백을 했다. 모리는 무식한 아돌프 히틀러 밑에서 장군 생활을 하는 것이 얼마나 힘들었을지 이해했을 것이다. 그것은 분명 설명이다. 하지만 자백은 아니다.

셋째, 죄의 자백은 죄에 대해 현실적이 되는 것과는 다르다. 만일 현실주의가 자백과 같다면, 우리는 모두 항상 최고의 자백자가 될 것이다. 누구도 우리만큼 기꺼이 값을 지불하고 인간 본성의 추악한 모습을 눈 하나 깜짝하지 않고 똑바로 쳐다보려는 민족은 없었다. *Whatever became of sin?*(죄는 어떻게 되었는가?)라는 칼 메닌거 박사의 저서가 있다. 저명한 심리학자인 그는 이 책에서 진실한 현실주의로 죄에 관해 우리를 이끈다. 하지만 책장을 넘기면서 나는 두 단어가 빠져 있다는 것을 깨달았다. 자백과 용서. 현실주의는 우리를 솔직하게 만든다. 우리를 강하고 현실적이 되도록 한다. 하지만 인간의 죄에 관한 현실주의는 자백의 서문에 불과하고, 용서의 기적을 일으키지는 못한다.

자백이 폭로가 아니고 설명하는 것과도 다르고 현실적이 되는 것도 아니라면, 그렇다면 죄를 자백하는 것은 무엇인가? 나는 자백에는 세 가지 요소가 포함된다고 생각한다. 그리고 만일 우리가 그 중 하나라도 빠뜨린다면 우리는 온전한 자백을 하지 못하게 된다.

첫째, 자백은 우리의 책임을 인정하는 것이다. 나도 나이가 들어가고 더 많은 비극을 보게 되면서, 사람들은 죄를 짓기보다 죄를 범하게 되고, 죄인이기보다 희생양이 되는 경우가 많다는 것을 인정하게 된다. 우리는 많은 세력에 의해 희생이 되고 있고, 그 누구도 우리가 내리는 결정과 그에 따른 행동에 대해 우리의 의지가 얼마만큼의 책임이 있는지 판단할 수 없다. 태어날 때부터 타고난 무기력한 유전자와 카리오솜과, 어린시절 강제로 당한 잘못된 정신수련에 얼마만큼의 책임을 물을 수 있을지 모른다. 하지만 한 가지 확실한 것은 당신이 저지르는 잘못의 개인적 역동성 안에서, 생각과 의지의 작용 어딘가에서, 당신은 본인만이 답할 수 있는 선택을 한다는 것이다. <u>스스로</u> 선택하고, 그에 따라 행동하고 그래서 본인에게 책임이 있다. 아버지나 어머니의 책임도 아니고 너무 어린 나이에 기저귀를 떼서도 아니다. 오 주여, 기도를 해야 한다. 그리고 이웃에게 또는 하나님께 내가 저지른 잘못들에 대해 책임을 인정하지 않고는 자백했다고 할 수 없다.

둘째, 자백은 고통을 공유하는 것이다. 내가 당신에게 상처를 주었다고 진정으로 자백할 때는, 내가 당신에게 다음과 같이 말하는 것이다. "당신에게 준 상처로 이제 나도 아파합니다. 내가 당신에게 준 고통을 이제 나도 느낍니다. 나는 당신을 아프게 했고, 내가 당신의 삶에 낸 그 상처에 내가 상처를 받습니다. 당신의 고통을 함께합니다." 그렇게 고통을 나눌 때에만 자백은 시작된다. 고통이 없는 자백은 허풍이고 모순이다.

다른 사람에게 준 고통을 함께한다는 것은 쉬운 일이 아니다. 사실 이 고통은 우리가 받지 않으려고 맹렬하게 방어하는 그 고통이다. 그리고 우리의 방어는 거의 확실하다. 내가 그녀에게 준 상처는 결국 그녀의 행동에 대한 정당한 처벌 이외에는 아무것도 아니었다. 복수일 수도 있다. 하지만 어느 상황에서든 닥칠 일이었다. 왜 그녀는 상처 받으면 안 되는가? 용기를 내어 진실을 말한 순간 나는 내가 분노하고 있다는 것을 알았다. 그녀는 충분히 나를 비참하게 만들었다. 그래서 내가 결국 복수를 할 때 그녀의 약점을 노린 것뿐이다. 고통 정도를 조절한 것뿐이다. 나는 복수를 한 것이다. 그 이상 아무것도 아니다. 그러니 나는 그녀가 느낀 고통을 느낄 필요가 없다. 내가 왜 그래야 하는가?

결국 우리는 스스로의 죄책감을 차단하게 된다. 현실을 바꾸고 그 방어막을 뛰어넘으려면 시간이 걸리고 하나님의 은혜가 필요하다. 나는 하나님의 자녀인 한 약한 영혼을 다치게 했고, 그녀가 피 흘리는 것을 보고만 있었다. 내가 저지른 일을 조금이라도 바로 볼 수 있도록 누가 도와줄지도 모른다. 그녀의 고통에 기뻐하려는 나의 욕망이 얼마나 악한 것인지, 나의 복수가 얼마나 악랄한 것인지 알게 해 줄지도 모른다. 여기까지 온다면 나는 그녀에 대한 나의 참혹한 공격에 대해 별 혐오감을 느끼지 못하게 될지도 모른다.

하지만 그녀에게 고백하려면 이보다 한발 더 나아가야 한다. 내 통제 불능의 분노에 얻어맞는 고통이 어땠는지 알아야 한다. 나의 악랄한 말들에 사랑 받지 못한다고, 심지어 그 순간에는 증오 받는다고 괴로워했을 그녀의 고통을 나도 느껴야 한다. 내 복수의 독을 맛보기 시작할 때 나는 겨우 자백할 자격을 갖추게 된다. 시간을 두어라. 고통의 촉감과 당신의 목소리와 그 악랄함이 영혼에 조금씩 스며들도록 하라. 당신의 영혼이 느낄 때 당신은 비로소 그 고통을 함께 나눌 수 있고 그 기적적인 치유의 말을 할 수 있게 된다. "미안합니다."

셋째, 자백은 은혜에 대한 내기이다. 우리가 자백할 때 얼마나 큰 위험을 감수하는가! 그리고 그에 따른 위험성은 얼마나 높은가! 당신이 상처 준 그 사람에게 당신을 용서할 만큼의 은혜의 힘이 있다고 어떻게 확신하는가? 상대방에게 고백하고 사과했을 때, 가리지 않은 추악함을 보려하지도 않고 문을 닫아버리지 않는다고 어떻게 확신하는가? 당신이 고백을 할 때에는, 상대방이 충분히 등을 돌릴 수 있고 은혜의 힘만이 이를 막을 수 있다는 사실을 인정해야 한다. 이 얼마나 큰 손실인가!

토마스 하디의 고전 『테스』에서 주인공 테스는 자신의 행복과 미래를 걸고 새 남편의 관대함에 도박을 하는 젊은 신부이다. 그녀는 첫날 밤 과거 다른 남자와 저지른 엄청난 실수를 남편에게 털어놓으면서 모든 것을 건다. 그녀가 고백을 하는 동안 그의 몸은 굳어가고, 입술은 굳게 닫히고, 그의 시선은 멍해진다. 그는 결국 용서하지 못한다. 그녀는 그의 사랑에 내기를 했고 결국 모두 잃었으며 그녀의 삶은 그렇게 끝이 났다. 자백은 은혜에 내기를 거는 것이다.

자백은 책임감을 인정하고, 고통을 공유하고, 은혜에 도박을 걸 준비가 되어 있어야 할 수 있는 것이다. 이 세 가지 요소만 갖춘다면, 자백은 당신을 소외시킨 그 벽을 허물 수 있는 기적의 시작이 될 수 있고 서로 용서할 수 있는 다리가 되어 준다. 그렇다면 한 사람이 고백을 하고 다른 사람이 용서를 함으로써 일어나는 그 기적은 무엇인가?

용서는 무엇인가?

용서가 아닌 것은 적어도 두 가지가 있다. 첫째, 용서는 잊는 것이 아니다. 잊는 것은 어렵지 않다. 고통스럽지도 않다. 우리에게 별 의미 없는 것들은 잊게 마련이다. 잊기 위해서는 은혜의 기적이 필요하지 않다. 기억력이 나쁘거나, 과거의 고통은 무의식의 어두운 구덩이로 밀어 넣을 만큼 현실에 대한 두려움이 크면 된다. 하나님은 잊지 않으신다. 만일 잊을 수 있었다면, 갈보리산에서 절대 십자가를 지지 않으셨을 것이다. 용서는 잊는 것이 아니다. 용서는 기억하면서 그래도 용서하는 것이다.

둘째, 용서는 봐주는 것이 아니다. 우리가 행하는 기이한 행동들에 대해 이해를 구하고 넘어갈 수 있는 것들이 꽤 있다. 정상 참작이다! 모두 이해하면 모두 봐줄 수 있다! 조금이라도 공감하고 나의 상황을 이해하는 사람이라면 나를 판단하지 않을 것이다. 아내는 나를 아주 잘 이해하기 때문에 분명 너그럽게 봐줄 것이다. 너무 열심히 일하느라 약속을 지키지 못했다는 것을 분명히 안다. 일벌레들은 항상 일이 우위에 있다. 우리는 항상 열심히 일하고 본을 보이기 때문에 사람들이 이해해 주어야 한다. 어젯밤에 내가 그렇게 못되게 군 것은 용서에 대한 보고서를 마무리해야 했기 때문이라는 것을 그녀는 알고 있다. 그러니 봐줄 것이다. 봐주는 것은 그리 어려운 일이 아니다. 인내가 필요하다. "넌 정말 괴짜지만, 그래도 마음에 들어", "남편이 바보 같지만, 그런 어머니 밑에서 자랐으니, 뭘 더 바라겠어?" 이해하고 봐주는 것은 용서의 위기를 넘길 우회작전이다. 상대방에게 결국 용서 받을 필요가 없다고 말하는 것과 같다.

그렇다면, 도대체 용서는 무엇인가? 잊는 것도 아니고 이해하고 봐주는 것도 아니라면, 도대체 무엇이란 말인가? 하나님께서 죄인을 용서하시면 어떤 일이 일어나는가? 상처 받은 사람이 그 상처를 준 사람을 용서하면 어떻게 되는가?

근본적으로 용서는 아주 간단한 종류의 기적이다. 용서는 새로운 시작이다. 용서는 고통을 안겨 준 사람과 새롭게 시작하고 다시 노력하는 것이다. 하나님을 예로 들어보자. 하나님이 용서하실 때는 우리와 함께 새롭게 시작하자고 제안하시는 것이다. 그는 손을 내밀어 이렇게 말씀하신다. "나에게로 오라, 내 손을 잡아라. 나는 다시 너의 친구가 되길 원한다. 그동안 있었던 모든 일에도 불구하고 나는 너와 함께하길 원한다. 너의 아래에, 너의 위에 그리고 네 안에 있길 원한다. 너를 사랑한다. 네가 하는 그 어떤 행동도 우리 사이를 방해하지 못하도록 할 것이다. 그러니 우리 다시 시작해 보자." 바로 이것이 하나님께서 이루시는 용서의 방식이다. 그는 우리가 세운 벽을 허물고 우리 영혼의 뒷마당에 들어오셔서 우리와 새로운 관계를 이루신다. 우리도 서로 그렇게 한다. 지금 있는 그곳에서, 있기 원하는 곳도 삶을 재정리하면 있을 수 있는 곳도 아니라 지금 있는 그곳에서, 바로 지금 당신에게 상처를 준 그 사람과 새로운 시작을 하는 것이다. 손을 내밀고 이렇게 말하면 된다. "나는 다시 너의 친구가 되고 싶어. 나는 다시 너의 아버지, 당신의 딸이, 당신의 애인이 되고 싶다. 다시 시작하자." 이것이 용서이다.

용서의 기적은 새로운 시작의 창조이다. 항상 그 상처를 없애 주는 것은 아니다. 과거의 아픔을 부인하는 것도 아니다. 새로운 시작을 하는 데 방해가 되지 않도록 할 뿐이다. 그가 왜 당신에게 상처를 주었는지 이해할 필요는 없다. 모든 상황을 정확히 알려고 할 필요도 없고 모든 연결 고리를 찾을 필요도 없다. 당신에게 잘못한 사람의 영혼에서 마지막 한 방울의 죄책감까지 다 짜낼 필요도 없다. 함께 나눈 고통 가운데 지금 놓여진 상황에서 함께 시작하면 된다. 두 사람 모두 아파하고 있기 때문에, 그 공유하는 고통이 새로운 관계의 시작점이 되도록 하면 된다.

그리고 미래를 함께 걸어가면 된다. 어떤 미래인가? 누가 아는가? 지금 당신은 새로운 시작에 서 있다. 그 끝이 어디인지는 아무도 보장할 수 없다. 앞으로 더 많은 고통을 겪게 될 것이다. 그것만은 확실히 말할 수 있다. 더 많은 자백을 하게 될 것이고, 당신에게 상처를 준 사람과 그 고통을 나누는 일도 더 많아질 것이다. 더 많은 새로운 시작을 하게 될 것이다. 우리는 단 한순간도 가만히 서 있지 않는다.

그러면 또 다시 당신은 지금 있는 그곳에서 출발한다. 우리 중에는 지금 다가갈 수 없는 사람을 용서해야 하는 이들도 있을 것이다. 그리고 그들과는 전혀 다른 기반에서 시작해야 한다. 용서할 마음이 전혀 생기지 않을 만큼 당신을 싫어하는 전 남편을 용서해야 할지도 모른다. 이미 오래 전에 돌아가신 신경질적인 어머니를 용서하고 어머니와 함께한 기억들만으로 새롭게 시작해야 할지도 모른다. 용서는 과거를 부인하지 않는다. 새로운 미래를 창조할 수 있을 뿐이다. 때로 우리는 상대방이 없는 채로 용서할 수밖에 없는 상황에 처하기도 한다. 분노와 앙심을 버리고 자유로운 마음으로 새롭게 시작하는 것이다. 그리고 상대방은 하나님의 손에 맡긴다.

이 용서의 기적은 그만큼 힘든 것이기 때문에 왜 시도해야 하는지조차 고민할 수도 있다. 다른 사람이 불공평하게 당신에게 큰 상처를 주면 당신은 절대로, 무슨 일이 있어도 용서할 수 없다는 강한 동기를 얻게 된다. 절대적인 정의의 논리로 무장하고 있다. 용서하는 것은 공평하지 못한 일이다. 그는 비열한 짓을 했다. 당신은 사랑 받지 못할 것이라는 모욕감을 느꼈고 사람보다 못하다는 느낌을 받았다. 당신이 그에게 줄 것은 경멸과 멸시뿐이다. 당신이 느낀 그 모욕감을 그도 똑같이 느끼게 하라. 당신의 상처 받은 마음에서 증오 말고 그에게 줄 것이 무엇이 있겠는가? 자기가 저지른 것을 똑같이 당하게 하라! 당신의 거룩한 권리를 이용하여 그에 대해 당신이 가지고 있는 그 권력을 행사하라. 그를 비난하라.

왜 그를 용서해야 하는가? 내가 생각하기에는 두 가지 합당한 이유가 있다. 첫 번째 이유는 복수의 게임에서 가장 크게 패배하는 사람은 용서할 수 있는 힘을 발휘하지 못하는 사람이기 때문이다. 상대방을 용서하지 않음으로써 당신이 그들에게 얼마나 큰 상처를 주었는지는 알 수 없다. 하지만 분명 당신은 스스로에게 그보다 더 큰 상처를 주었을 것이다. 용서하지 않기로 마음을 굳히면 당신은 자신을 분노의 틀에 가두게 된다. 그리고 그것은 끔찍한 기억들로 가득한 집에 스스로를 가두는 꼴이 된다. 해결하지 못한 분노는 영혼 속의 비디오테이프 같아서 누군가 당신에게 저지른 그 끔찍한 일을 고문하듯 계속 재방송한다. 그리고 그 장면을 떠올릴 때마다 당신의 마음과 영혼은 더 굳어진다. 당신은 그에 걸려들어 심한 중독자가 되고 그 일을 절대 잊을 수 없게 된다. 당신의 분노는 격노한 기억들이 가져오는 끊임없는 고통에 당신을 구속시킨다. 당신의 유일한 희망은 용서의 자유를 찾는 것이다.

용서해야 하는 두 번째 이유는, 당신에게 상처를 준 사람을 용서하면 하나님의 마음을 품는 것이기 때문이다. 누군가를 용서하는 것은 세상과 조화를 이루는 것이다. 사랑과 우주 에너지의 절정에 이르는 것이다. 하나님은 타락한 인간과의 관계를 유지할 수 있는 유일한 방법으로 용서를 발명하셨다. 만일 하나님께서 그 내면에 용서할 수 있는 사랑의 힘을 발견하지 않으셨다면, 우리 같은 사람에겐 미래가 없을 것이다. 하지만 그것을 찾으셨기에 전 세계의 희망은 우리와 새롭게, 필요하다면 수백만 번이라도 시작하려는 하나님의 마음에 귀속된다. 그래서 평범한 사람이 자신에게 고통을 안겨 준 사람과 새로운 관계를 시작하려는 힘을 발견할 때마다, 그 사람은 하나님과 동행하는 데 한 발 더 나아가게 되는 것이다.

사실 용서하고자 하는 자유는 우리를 용서하는 하나님을 느낄 때 흘러나온다. 때문에 하나님께 항상 열려 있어야 한다. 걱정할 필요 없다. 하나님은 하나님을 향한 고백만큼은 리스크가 없도록 하셨다. 그 외 모든 사람에게 용서는 여전히 도박이다. 하지만 하나님은 신실하고 공평하게 용서하시고, 아주 짧은 순간에도 우리와 새롭게 시작하신다.

그럼 중요한 것은 무엇인가? 중요한 것은, 이 세상의 모든 죄의 고통을 짊어지고 한사람이 달려 죽은 언덕 위에 세워진 나무 십자가다. 그 십자가에서 예수님은 우리가 하나님께 드린 모든 고통을 짊어지고 하나님과 그 고통을 나누셨다. 우리가 하나님으로부터 등을 돌리고 우리가 만든 우상을 쫓을 때 하나님이 느끼신 고통을 똑같이 느끼셨다. 예수님과 하나님 사이에 공유된 고통이다. 이것이 예수님께서 우리를 위해 우리의 죄를 고백한 그만의 방법이었다. 예수님은 인간을 대신해 그의 고통 가운데 이렇게 말씀하신 것이다. "하나님, 죄송합니다." 그 자리에서 그는 고통을 나누어 졌고, 이제 신실하시고 공평하신 하나님께서는 그와 함께하고자 하는 모든 사람들과 새로운 시작을 하신다.

하나님을 향한 삶에는 함께한 고통의 십자가가 있다. 이것 때문에 하나님은 우리를 향해 문을 닫으시지 않는다. 그것만은 믿어도 된다. 그는 항상 용서하실 것이다. 그는 단순히 잊지 않으신다. 단순히 이해하시지도 않는다. 그는 우리의 편에 서서 이렇게 말씀하신다. "다시 시작하자. 내가 너의 아버지가 될 것이다. 내가 너의 친구가 될 것이다. 나는 너의 구원자가 될 것이다. 함께 가자."

우리가 자백하면 그는 신실하시다. 그 자백이 완벽하지 않아도 괜찮다. 그리고 절대 완벽할 수도 없다. 우리의 고백은 모두 어느 정도 거짓이 숨어 있다. 불완전하고, 반은 머리로 생각해 낸 것이고, 반은 진심이다. 우리 모두에게는 하나님과 관계를 회복하려 할 때조차도 버릴 수 없는 조금의 거짓이 있다. 어떤 상황에서도 그렇다. 하지만 우리가 하나님께 드린 고통을 우리의 형제 되신 예수님께서 완벽하게 공유하셨기 때문에 하나님의 용서는 그럼에도 불구하고 이루어진다. 그래서 우리는 우리의 자백의 오점이 하나님의 용서를 누리는 데 방해가 되도록 해서는 안 된다.

하나님의 용서와 용서의 자유

하나님이 우리를 용서하시는 힘을 느끼는 것과 다른 사람을 용서할 수 있는 자유를 찾는 것 사이에는 밀접한 관계가 있다. 우리를 향한 하나님의 용서와 우리에게 상처 준 이들을 용서하는 자유 사이의 관계를 나타내는 두 가지 대화가 생각난다.

첫 번째 대화는, 최악의 절망에 대한 유일한 해답은 하나님의 용서라는 내용이다.

두 번째 대화는, 우리를 향한 하나님의 용서를 느낄 때 우리에게 다가오는 용서의 자유다.

● **대화 하나**

도스토예프스키의 『카라마조프의 형제들』(*The Brother's of Karamazov*)에는 가장 감동적인 인간의 대화 중 하나가 등장한다. 두 형제, 이반과 알료샤 카라마조프는 한 선술집에서 깨어진 이 세상에서 사람들이 서로에게, 특히 어린 아이들에게 행하는 견딜 수 없는 죄악들에 대해 이야기하고 있다. 무신론자인 이반은 악의 없는 열정으로 이 타락한 세상 어디에도 하나님과 인간이 조화를 이룰 수 있는 방법은 없다고 주장한다. 그러나 그리스도인인 알료샤는, 이러한 행동을 그냥 놔두시는 하나님을 강하게 비난하는 이반에게 그 어떤 반박도 하지 못한다. 손에 얼굴을 묻은 채 침묵하던 알료샤는 결국 누구나 말할 수 있는 유일한 정답을 더듬거리며 말하기 시작했다.

"모든 사람을, 그들이 저지른 모든 일에 대해서, 용서하실 수 있는 분이 한분 계셔. 그는 모든 사람의 죄를 위해 그의 순결한 피를 흘리셨고, 그렇기 때문에 용서하실 수 있지…."

● **대화 둘**

제2차세계대전이 종전된 뒤, 나치의 잔혹함에 입은 상처가 채 아물기도 전에, 코리 텐 붐은 전쟁의 감정적 파편에서 벗어나려고 노력하는 모든 유럽인들을 향해 용서에 대해 설교하라는 부르심을 느꼈다. 그녀는, 수용소에서 그녀와 그녀가 사랑하는 사람들을 비인간적으로 대했던 S.S. 부대에 대한 복수심을 이겨냈다고 확신했다. 『주는 나의 피난처』(*The Hiding Place*, 생명의말씀사)에 따르면 그녀는 사역 차 뮌헨을 가게 되었다. 어느 주일, 교회 밖에서 그녀는 수용소에 있던 시절, 자신 앞에서 강제로 샤워를 당하고 있는 겁먹은 여성 수용자들을 바라보고 비웃던, S.S. 감독관의 얼굴을 뚫어지게 쳐다보는 자신을 발견했다. 그 순간 모든 것이 되살아나는 듯했다. 방 한가득 그들을 비웃던 남자들과, 그 고통 그리고 수치심. 전쟁이 끝난 지금, 그 남자는 코리에게 다가와 밝게 고개 숙여 인사를 했다. "설교 감사합니다. 당신이 말한 것처럼, 하나님께서 나의 죄를 씻어 주신 것을 생각하면…." 그는 손을 내밀었다.

그녀는 도저히 손을 내밀 수 없었다. 누구에게나 용서는 어려운 것이다. 그녀에게 용서를 바라는 것은 터무니없는 것처럼 보였다. 그녀는 그 순간 내면에 분노와 복수심이 얼마나 들끓었는지 이야기한다. 손을 내밀어 보려 했지만 그럴 수 없었다. 그녀는 아무것도 느끼지 못했다. 용서하고자 하는 마음은 손톱만큼도 없었다. 그래서 그녀는 속으로 조용히 기도했다. "예수님, 그를 용서할 수 없습니다. 저를 용서해 주세요."

코리는 그때, 바로 그 순간 모든 사람의 죄를 용서하실 수 있는 바로 그분의 감동을 받았다. 그녀는 용서 받음을 느꼈고, 용서 받은 그 자유함으로 팔을 들어, 그녀에게 용서 받을 그 남자의 손을 잡았다.

나는 바로 그것이 본질이라 생각한다. 우리가 용서로 자유함을 얻을 때 우리는 자유롭게 용서하는 것을 배운다. 그리고 우리가 용서할 때 우리는 자유케 된다. 우리는 새롭게 시작할 자유를 얻는 것이다. 그러므로 우리 마음 가운데 누군가 우리의 모든 것을 말도 못하게 망쳐 놓았을지라도 다시 괜찮아질 수 있다는 것을 알게 된다.

4장

이 세상 모두는 비평가이고, 이제 그 비평을 읽는 것도 지겹다

_ 자유의 선물

> 너희에게나 다른 사람에게나 판단 받는 것이 내게는 매우 작은 일이라
> 나도 나를 판단하지 아니하노니 내가 자책할 아무것도 깨닫지 못하나
> 이로 말미암아 의롭다 함을 얻지 못하노라
> 다만 나를 심판하실 이는 주시니라(고전 4:3-4).

품위 있는 삶의 비결 중 하나는 비평가들과 자유롭게 사는 것이다. 우리의 삶을 판단하고 우리의 행동을 평가하는 사람들 앞에서 자유로울 수 있는 은혜가 있을 때 우리는 그리스도인으로서의 자유를 누린다. 그리고 자유롭다고 느낄 때, 우리는 모든 것이 다 잘못된 것이라는 사실을 느끼게 된다.

항상 우리 주변에는 비평가들이 있을 것이다. 비평을 피할 수는 없다. 그리고 비평가들은 어디에나 있다. 환영 받는 사람들도 있고, 스스로 골칫거리이기를 자처하는 사람들도 있다. 우리를 평가하고, 재보고, 자신들의 기준에 맞춰 판단하고 우리의 삶에 대한 자신들만의 의견을 형성한다. 우리를 좋아할 수도 있고, 걸어 다니는 실패작이라 생각할 수도 있다. 우리가 너무 보수적이라고, 너무 진보적이라고, 너무 느긋하다고, 너무 진지하다고, 너무 사악하다고, 너무 성인 같다고 생각할지도 모른다. 그들은 옳을 수도 있고,

반면에 틀릴 수도 있다. 하지만 그들은 우리를 비판할 것이다. 자신들의 판단의 기준에 맞춰 평가할 것이다.

우리 모두에게는 적어도 세 종류의 비평가가 있다. 그들은 각자 우리의 삶을 바라보며 머릿속 컴퓨터로 자산을 모두 더하고 부족액을 빼고 있다. 우리는 그들 없이 살 수 없다. 문제는, 그들과 함께 살 수 있느냐는 것이다.

첫 번째 비평가는 바로 당신의 이웃이다. 당신 삶에 있어 모두 중요한 사람들이다. 어머니나 아버지 또는 친구일 수 있다. 목회자나 선생님일 수도 있다. 그들은 당신에 대해 관심을 가지고 있기 때문에 당신을 판단한다. 그들이 당신을 사랑할 수도 있고, 싫어할 수도 있지만 그들은 당신에게 관심을 갖는다. 그들이 관심이 없었다면 비판하지도 않을 것이다. 그리고 당신 역시 그들의 의견을 존중한다. 당신이 그들에게 전혀 관심이 없었다면, 그들이 어떻게 당신을 판단하든 전혀 관심을 두지 않을 것이다. 그래서 비평가들과 함께 세상을 사는 것이 어려워진다. 우리는 그들을 너무 좋아한다. 만약 그 비평가들을 만족시키기가 너무 어렵고, 만족시켜야 할 사람이 너무 많다면, 이 한가지 사실을 기억하라. 은혜는 당신을 이 비평가들로부터 자유케 할 수 있다.

두 번째 비평가는 바로 당신 자신이다. 우리에게는, 외부적 시각에서 스스로를 판단하고 평가할 수 있는 독특한 은사가 있다. 이것은 천사들과 별 차이 없이 갖게 되는 축복이자 부담이다. 우리는 스스로에 대한 최고의 비평가가 될 수 있지만 반대로 최악의 비평가가 될 수도 있다. 하지만 우리가 인간인 이상 자신을 비평하는 것은 너무 당연하다. 비평가의 자리에 앉으면 당신은 다른 모든 종족보다 숭고한 자리를 얻게 되는 것이다. 하지만 스스로의 비평가가 되는 것은 몇 가지 위험을 안고 있다. 비평가가 아닌 잔소리꾼이 될 수 있다는 사실이다. 그리고 잔소리꾼들은, 그것이 자신을 향한다 해도 항상 골칫거리이다. 스스로 설정한 불가능한 기준에 자신이 절대 부합할 수 없다는 끊임없는 의심에 끌려 다니는 것에 지쳤다면 이 사실을 기억하라. 은혜는 자기 판단에서 당신을 자유케 할 수 있다.

셋째 비평가는 당신의 눈에는 보이지 않지만 당신을 너무 잘 아는 분이다. 그는 하나님이시고, 가장 혹독한 비평가다. 오늘날 하나님을 심판자라 말하는 것은 시대에 뒤떨어지는 것이다. 유행에 민감한 하나님은 심판하지 않으시고 은혜만 부어 주시는 분이다. 심판은 구식이고, 잔인하고, 사악한 것이다. 오늘날 사람들은 하나님이 조건 없이 사랑하시는 분일 뿐 아니라 조건 없이 찬성하시는 분이기를 원한다. 하지만 은혜롭다고 해서 하나님이 심판하지 않으신다고 할 수는 없다. 은혜가 하나님의 눈을 가려 상황을 있는 그대로 보지 못하게 하는 것도 아니고, 눈에 보이는 대로 진실하게 판단하지 못하시도록 하는 것도 아니다. 하나님의 심판에 대해서 '아직도 믿느냐'는 질문을 받은 현대 신학자가 있었다. 그의 대답은 다음과 같았다. "지금의 상황을 본다면, 하나님의 심판밖에는 믿을 것이 없다." 일방적이긴 하지만, 하나님께서 아직도 우리를 심판하신다는 의견을 피력하기엔 충분했다. 이는 결국 우리 행동의 판단 기준이 되는 기대치가 있다는 것을 의미한다.

사도 바울에 따르면 하나님은 우리가 신실하기를 원하신다. 하나님은 우리를 관리인으로 이 땅에 보내셨다. 무엇인가를 돌보도록 이 땅에 보내셨다. 하나님이 원하시는 것은 우리가 그것을 신실하게 돌보는 것이다. 우리 삶에는 각자가 돌보아야 할 것들이 있다. 우리가 실수 없이 완벽하게 할 것을 바라시지 않는다. 신실하면 된다. 완벽하고 환상적이 되라고 하지 않으신다. 신실하라고 하신다. 신실하다는 것은 이 땅에서 당신이 돌보아야 할 것이 무엇인지 발견하고 그것에 최선을 다하는 것이다. 그리고 하나님이 당신의 심판이 되신다. 이 심판과 함께 사는 것이 힘들다면, 이것을 기억하라. 은혜는 하나님의 심판 앞에서조차 당신을 자유케 할 수 있다.

우선 첫 번째 비평가인 이웃에 대해 이야기해 보자. 사도 바울은, 거의 퉁명스러울 정도로 이렇게 인간의 판단에서 스스로 자유로움을 선포했다. "나에게 있어 당신들이나 그 어떤 판사의 판단을 받는 것은 지극히 작은 일에 불과하다." 그는 참견하기 좋아하는 고린도의 교인들에게 이제 자신을 그만 비난하고 괴롭히라고 말하는 것이다. 하지만 우리도 그의 태도를 우리의 삶에 적용할 수 있다. 해석하자면 이렇다.

나의 행동을 평가하고 나를 판단할 것을 알고 있다. 나는 당신의 의견에 귀를 기울이겠다. 당신이 나의 일들을 평가할 것을 알고 있다. 당신의 의견을 참고하겠다. 나에게 관심이 있기 때문에 나를 판단한다는 것도 알고 있다. 나도 당신이 하는 말에 관심을 가지겠다. 당신이 나에 대해서 어떻게 말하고 나에 대해 어떻게 생각하는지는 나에게도 중요하다. 하지만 당신이 한가지 기억해 주었으면 하는 것이 있다. 내가 나의 양심과 씨름해 보고, 나의 신념에 비추어 보고 나면, 당신의 판단이 별로 중요하지 않은 것이 될 것이라는 것이다. 어느 정도는 의미가 있지만 아주 중요한 것은 못 된다. 당신의 평가가 내가 나에 대해서 그리고 내가 하는 일에 대해서 어떻게 느끼는지를 결정하게 하지 않을 것이다.

이것이 정말 사도 바울의 말인가? 형제자매에게 스스로를 종으로 기꺼이 드리라고 성도들에게 말한 그 사도 바울의 말이란 말인가? 하나님은 목회자, 상담자 그리고 부모를 통해 우리가 누구이며 하나님께서 우리에게 무엇을 바라시는지 알게 하신다고 말한, 그 사도 바울이 하는 말인가? 서로 사랑으로 순종하라고 했던 사도 바울인가? 바로 그 사도 바울이다.

그는 바보가 아니다. 그는 다른 사람의 감정에 대해서 전혀 신경 쓰지 않는다고 말하지 않는다. 그 역시도 모든 사람에게 모든 것이 될 준비가 되어 있었다. 다만 그들을 만족시키기 위해 노력하는 것이 아니라, 그들의 마음을 사로잡기 위해 노력하는 것이다. 그는 이렇게 말한다.

> 내 가장 깊은 내면, 내 삶의 방식에 있어서 당신의 비판은 뒤로 미뤄두고 주님 앞에서 내 삶을 살아야 한다. 그것에 주눅 들지 않을 것이다. 나는 비난 받지 않을 것이다. 다른 사람의 판단에 의해 파멸당하지 않을 것이다. 나는 자유로울 것이다.

이 얼마나 큰 자유인가! 정말 큰 힘이다! 얼마나 큰 기쁨인가! 삶에서 주어진 일들에 최선을 다할 때, 양심에 어긋나는 행동을 하지 않는다는 확신이 있을 때, 기도를 할 때, 힘든 결정을 내리기 위해 심사숙고할 때, 그리고 결국 그 결정을 내렸을 때, 그리고 다른 사람이 뭐라 말하고 어떻게 생각하든지 자유한 영으로 그 결정을 밀고 나갔을 때, 그때 당신은 소중한 자유를 찾게 되는 것이다.

당신을 비판하는 사람들의 말이 물론 옳을 수도 있다. 그들이 당신보다 더 현명하고 당신이 알지 못하는 것을 알고 있을 수도 있다. 만일 당신이 현명한 사람이라면 그들의 말에 귀를 기울일 것이다. 하지만 당신이 옳다고 믿을 때, 그리고 당신을 비판하는 사람들이 당신이 잘못하고 있다고 생각할 때, 그들의 비판을 마음 한 구석으로 밀어 놓고 그것으로부터 자유로울 수도 있다.

타인의 판단의 횡포를 견디며 사는 것은, 스스로 잔인한 삶을 자처하는 것이다. 다른 사람을 만족시키는 것에만 초점을 맞추고 사는 것은 슬픈 일이다. 얼마 전에 나는 50대의 한 아름다운 여성을 만났다. 그녀는 마치 패션잡지인 《보그》 표지에서 튀어나온 것 같은 모습이었다. 밝고, 재능 많고, 교육도 많이 받은 그런 사람이었다. 그런 그녀가 자살 시도를 했다.

50세 생일을 맞이하고서야 그녀는 평생을 다른 사람을 만족시키기 위해 살았다는 것을 깨달았다. 그녀는 그들을 실망시킬지도 모른다는 두려움에 휩싸였고, 그들이 자신을 비판할까봐, 또 그들이 더 이상 그녀를 사랑하지 않을까봐 두려워했다. 50세에 그녀는 반 세기라는 시간을 다른 사람의 의견이라는 감옥에 갇혀 살았다는 것을 발견한 것이다.

한 현명한 상담가가 그 감옥에서 나와 자유할 수 있도록 그녀를 인도했다. 그들을 비판하는 사람들을 만족시키지 못한다면 길을 잃을 것이라는 두려움에 평생 어린 아이같이, 감옥에 갇힌 듯 살면서 어머니를 만족시키고 다른 작은 우상들을 만족시키기 위해 살아가는 사람들도 있다.

많은 사람들에게는 아주 특별한 사람들이 있고, 그 사람들의 의견은 그들에게 매우 중요하다. 나는 학생시절 아주 존경하던 교수님의 그림자 밑에서 몇 년을 산 적이 있다. 만약 그가 우상 후보였다면 나는 아마 그를 뽑았을 것이다. 그의 평가에서 자유로워져서 "내가 쓰는 이 책에 대해서 당신이 어떻게 생각하는지는 나에게 중요한 것이 아닙니다."라고 말할 수 있게 되기까지는 작은 기적이 필요했다.

당신은 누구를 만족시키기 위해 살고 있는가? 누구의 비판이 당신을 우울하게 하고 죄책감을 느끼게 하는가? 누구의 판단이 당신을 불안하게 하고 떨게 하는가? 그 존재가 누구이든 이제 당신은 거기서 벗어나 자유로워질 수 있다. 그리고 이렇게 말할 수 있다. "나에 대해 당신이 그리고 세상 사람들이 어떻게 생각하는지가 조금 중요하긴 하지만, 위기 때에는 별로 중요하지 않다."

우리 외부의 비평가들에 대해서는 이제 이야기를 마쳤다. 이제 우리에게 가장 잔인한 비평가, 우리의 내면에 있는 사람, 바로 우리 자신이 남아 있다. 사도 바울은 비평가로서의 자신의 역량을 평가하고, 영웅적인 태연함으로 이렇게 말했다. "나는 내 자신도 판단하지 않는다."

이봐, 농담하는 거지. 당신이 죄인 중 최고라고 한 말을 기억하는데. 그것이 판단이 아니라면, 안 들은 것으로 하겠네. 그리고 우리에게 스스로를 점검해 보라고 해서 우리에게 자기 불신감을 심어주었어.

당신은 우리에게 이렇게 말했지. "스스로를 돌아보고, 삶이 어떤 방향으로 흘러가는지, 어디로 가고 있는지 스스로에게 물어보고, 진정으로 믿는 것이 무엇인지 확인하고, 꿈이 무엇인지 알아야 한다."고.

당신은 바보도 아니고, 거만한 사람은 당연히 아니며, 안일하고, 독선적이고 자만하는 사람도 아니다. 너무 많은 것을 기대하기 말기를.

사도 바울이 내가 트집 잡는 것에 대해 변명하는 이야기가 들리는 듯하다. "물론 나는 내 스스로를 검토한다. 하지만 내가 얼마나 잘못된 판단을 내릴 수 있는지를 안다. 내가 스스로 잘못이 없다고 판단한다 해도, 그 판단이 잘못될 수 있다는 것도 안다. 그리고 내가 죄가 있다고 판단한다 해도, 그 판단이 잘못될 수 있다는 것도 안다. 그래서 나는 내가 스스로에 대해 내린 판단을 심각하게 받아들일 수 없다. 내가 연루된 사건을 스스로 변호하는 사람은, 변호사가 바보이고, 스스로에게 판결을 내리는 사람은 그 판사가 바보이다."

사도 바울은, 우리 자신이 스스로에 대한 최악의 비평가라는 사실을 알고 있었다. 우리가 엄격하기 때문이 아니라, 우리에게는 꾀가 많기 때문이다. 우리는 너무 많은 감정 변화를 겪는다. 우리 중에는 행운의 장밋빛 분비샘이 있어서 스스로를 아름답다고 생각하는 사람들이 있다. 다른 사람들은 핏속의 화학 반응이 잘못 되어 그들의 삶의 밝은 부분은 모두 잿빛으로, 잿빛인 것들은 모두 검게 본다. 우리는 스스로의 판단을 믿을 수 없다. 너무 쉽게 핑계를 대고 빠져나가거나 너무 가혹하게 비난하기 때문이다.

스스로의 양심을 속이는 사람들도 있다. 무엇이든 핑계를 대고 넘어간다. 나는 부정행위를 하는 학생을 발견한 적이 있다. 그에 따르면, 그는 머리가 너무 아팠고, 교수가 너무 지루했고, 시험이 너무 불공평했으며, 좋은 점수를 받아야 한다고 부모님이 끊임없이 잔소리를 했기 때문에, 자신은 부정행위를 할 권리뿐 아니라, 엄숙한 의무가 있다고 말했다. 대기업들의 부사장들은 미국을 위해 외국 고객에게 뇌물을 주어 계약을 체결해야 한다고 확신한다. 윤락 여성들 중에 자신들은 사회복지사라 여겨져야 한다고 주장하는 사람들을 만나기도 했다. 그들은 소외 받은 남성들을 위한 거리 사역을 위해 밤 근무를 하는 것이라고 주장했다. 우리의 삶에 대한 손쉬운 핑계와 스스로를 속이는 데는 한계가 없다.

하지만 동시에 우리는 하루에 세 번씩 엄격한 윤리적 잣대로 스스로를 평가하고 비판할 수 있는 능력도 있다. 우리는 재판이 시작되기도 전에 스스로 죄가 있다고 생각한다. 그 죄책감은 때로 우리의 진정한 삶의 질과는 아무런 연관성이 없을 때도 있다. 현대 국제법의 아버지이자 서양의 최고 변호사인 휴고 그로티우스(Hugo Grotius)는 임종 마지막 말로 자신에 대한 평가를 요약 정리했다. "나는 평생 가치 있는 일을 단 하나도 하지 못했다." 이 평가는 기념비적인 업적을 남긴 그의 삶과 전혀 맞지 않는 것이었다. 낮에는 너무 바빠 선행을 하지 못하고 밤에는 너무 지쳐 죄를 짓지 못하는 사람들이 있다. 하지만 그들의 감정을 들여다보면, 이세벨과 라스푸틴을 섞어 놓았다고 생각할 것이다. 우리는 스스로를 아주 엄하게 처벌할 수도 있고, 자신의 판단으로부터 자유로운 날이 단 하루도 없이 살아가면서, 옳은 평가 한번 제대로 내리지 못할 수도 있다.

바알세불만큼 죄를 많이 지은 사람들이 행복한 성인처럼 착각할 수 있다. 그리고 다른 사람을 돕는데 평생을 바친 성인들이 세상의 타락한 영혼처럼 자책할 수도 있다. 그렇기 때문에 어리석은 자들만이 스스로에 대한 자신의 판단을 믿을 것이다. 자기 비판에 웃을 수 있으려면 은혜가 필요하다. 우리도 바울처럼, "나는 내 자신조차 판단하지 않는다."라고 말해야 한다.

한 명의 판사가 더 우리를 기다리고 있다. 누가 왔는지 보라! 우리가 인간 프라이팬에서 하나님의 불길로 뛰어들었는가? 바로 저 위에 계신 비평가, 바로 하나님이시다.

사도 바울은 여기서 자신의 주장을 멈춘다. 절대 뒤로 미뤄 둘 수 없는 그 한분 앞에서는 그도 부족하다. "나의 심판하시는 분은 주님이시다." 좋은 소식인가, 나쁜 소식인가? 좋은 소식이 되기 전에, 일단 아주 나쁜 소식처럼 들려야 한다. 절대 타협하지 않으시고 실수하지 않으시는 판사와 정면으로 마주치는 것은 끔찍한 일일 수 있다. 시편 139편에 나타나는 하나님 앞에 서 있는 우리를 상상해 보라. 이런 하나님의 판결을 받고 싶은가?

그는 모든 곳에 계신다. "내가 주의 신을 떠나 어디로 가오리까?" 시편기 자는 묻는다. 그에 대한 답은? 아무 데도 없다. 지구의 끝에도, 어둠 속에도, 지옥 근처에도 없다. 내가 하나님을 떠나 도망가면 그는 이미 앞서 계신다. 블라인드를 내리면, 하나님은 그것을 통해 나를 보신다. 주무시는 동안 도망가려 하면, 여호와는 졸지도 주무시지도 않는다는 것을 깨닫는다. 어둠 속으로 숨어 들어가면 그가 빛이 되신다. 숨을 곳이 없다. 내가 어디에 있든 하나님은 함께 계신다.

그는 모든 것을 아신다. 시편 기자는 이렇게 말한다. "여호와여 주께서 나를 살펴보셨으므로 나를 아시나이다 주께서 내가 앉고 일어섬을 아시고 멀리서도 나의 생각을 밝히 아시오며 나의 모든 길과 내가 눕는 것을 살펴보셨으므로 나의 모든 행위를 익히 아시오니 여호와여 내 혀의 말을 알지 못하시는 것이 하나도 없으시니이다"(시139:1-4). 그는 우리를 도청하신다. 우리의 동기, 계획과 핑계까지 모두 아신다. 그것이 무엇이건 간에, 그는 아신다. 니체는 너무 절박하여 하나님을 죽인 남자에 대한 이야기를 썼다. 그는 이런 질문을 받았다. "도대체 왜 하나님을 죽였는가?" 그는 이렇게 대답했다. "그는 너무 많은 것을 알고 있었습니다." 이것은 정말 나쁜 소식이다. 그 하나님이 당신의 비평가라는 사실이다!

설상가상으로 그는 우리에게 세상에 있는 실수를 하도록 허용하신다. 길마다 구덩이가 있고 코너마다 함정이 있는 세상으로 우리를 보내신다. 그리고 우리에게 너무 많은 자유를 주신다. 결정! 결정! 결정! 그리고 항상 전지전능하신 하나님께서는 비평가의 자리에 앉아 계신다.

정말 너무한다. 이런 비평가에게라면 정말 잘 보여야 한다. 그의 판단 앞에서는 꼼짝도 못할 것이다. 분명 우리를 비난할 것이다. 우리는 두 가지 중 하나를 선택할 권리가 있다.

첫째, 그가 없는 척하면 된다. 많은 사람들이 바로 이 방법을 선택한다. 단순히 하나님이 존재하지 않는 것처럼, 혹은 꽤 오래 전에, 어쩌면 과학 시대가 출현할 때 쯤, 죽은 것처럼 생각하며 산다.

그들이 바로 마음속으로 하나님은 없다고 생각하는 바보들이다. 이것이 한 가지 옵션이다. 꿈속에서 사는 것, 하나님이 존재하지 않는다는 환상 속에서 살아가는 것이다. 한동안은 이것이 정말 효과가 있을지도 모른다. 하지만 영원할 수는 없다. 왜냐하면 곧 그 환상은 깨어질 것이고 하나님은 살아 계신다는 현실을 깨닫게 될 것이기 때문이다.

그렇다면 무오한 비평가 앞에서 자유롭게 살아갈 수 있는 또 다른 방법은 이것뿐이다. 그가 정말 어떤 분이신지 알아가는 것이다. 이것이 바울에게 있는 비밀이었다. 그는 하나님을 알았고, 그래서 자유할 수 있었다. 그는 십자가에서 그를 만났다. 그곳에서 일어난 사건의 비밀은, 그 거룩한 판사가 우리 대신 자신의 아들에게 판결을 내렸다는 것이다. 그곳에서 한때 우리를 향하고 있었던 그 비난하는 손가락질이 우리에게 내미는 손으로 바뀐 것이다. 그의 끔찍한 칼은 우리를 돕는 손으로 바뀌었다. 우리의 비판자는 거룩한 구원자가 되셨다. 우리를 비판하던 사람이 우리의 가장 친한 친구가 되었다. 이제 그 마지막 단어는 은혜이다. 용서, 그 능력 그리고 은혜의 약속. 하나님은 우리 편이시다.

그래서 나는, 미안함을 무릅쓰고 나를 판단하는 사람들에게 자신의 일에나 신경 쓰라고 말할 수 있다. 다른 사람을 통해 배울 수는 있지만, 그들을 만족시키느라 내 인생을 낭비할 필요는 없다.

나 자신에게서도 배울 것이 있지만, 나의 완벽주의적 양심이 나에게 죄를 뒤집어씌우는 것처럼 느껴질 때, 나는 내 안의 그 판사를 비웃을 수 있다. 그러나 최후의 결정을 내리시는 거룩한 판사가 내 편이고 그가 나의 가장 친한 친구가 되었다. 그가 나를 비난하실 때 그는 이렇게 말씀하실 것이다. '그래도 괜찮다.' '이제는 비난하지 않으신다.'는 것을 나는 안다. 나는 자유하다.

우리를 비평하는 사람들 앞에서 자유로울 수 있는 것은 모든 것이 잘못되었어도 괜찮을 수 있다고 믿을 수 있는 유일한 방법이다. 모든 것이 잘못되었다는 생각이 죄책감의 모습으로 우리를 억누를 수 있다. 중요한 사람들이 우리를 비난하거나 그들이 비난할까 두려워할 때 모든 것이 잘못되고 있다고 생각할 수 있다. 양심에 가책을 느낄 때에도 모든 것이 잘못되었다고 느낄 수 있다. 하지만 하나님께서 '괜찮다'고 말씀하시는 것을 느낄 때, 우리는 적어도 중요한 부분에 있어서는 괜찮다는 것을 조금씩 느끼기 시작할 수 있다.

놀라움이 사라지고 있는 세상에
놀라움이 가득할 수 있다

_ 놀라움의 선물

> 이 소리가 나매 큰 무리가 모여 각각 자기의 방언으로
> 제자들이 말하는 것을 듣고 소동하여 다 놀라 신기하게 여겨 이르되
> 보라 이 말하는 사람들이 다 갈릴리 사람이 아니냐 또 어떤 이들은 조롱하여 이르되
> 그들이 새 술에 취하였다 하더라 (행 2:6-7, 13).

나의 장인의 특징 중 하나는, 부인의 크리스마스 선물을 살 때 무엇을 살지 항상 정확히 알았다는 것이다. 매년, 그는 정말 그녀가 원하는 것을 주었다. 한번도 틀린 적이 없었다. 맞는 선물을 사는 타율이 1,000이었다. 그는 항상 자신이 준 선물을 풀면, 그녀가 정확히 원하는 것을 발견할 것이라는 사실을 미리부터 알고 있었다. 그 비결은 간단하다. 그녀는 시내 백화점에 가서 그 해 크리스마스 선물로 받고 싶은 물건을 고른다. 그리고 남편에게 그것이 무엇인지 모델명까지 알려 주고 어느 점원에게 가서 받아와야 하는지도 알려 준다. 그러면 그는 그 가게에 가서 크리스마스 선물을 사는 것이다. 밝은 크리스마스 포장지로 포장까지 하고 나면 그의 임무는 끝이 난다. 전혀 위험이 없다. 걱정도 없다. 그리고 놀랄 일도 없다. 모든 불확실성을 제거하지만, 동시에 감탄과 놀라움까지 죽이게 된다.

내 딸은 아주 어렸을 때 할아버지와는 아주 다른 전략을 사용했다. 나는 딸이 거실 계단 옆에 서 있는 크리스마스트리 밑에 놓여 있는 선물 꾸러미들을 보며 호기심에 애태우는 모습을 지켜보곤 했다. 자신의 이름이 써 있는 선물을 찾을 때까지 선물들을 들여다보곤 했다. 선물을 하나 집어 들고는 마치 익은 토마토를 고르는 사람처럼 조심스럽게 선물을 눌러보곤 했다. 아주 조심스럽게 흔들어 보고는 얼마나 무거운지 양손으로 들어 보았다. 이 진지한 의식을 마치고 나면 그 선물을 다시 제자리에 가져다 놓는다. 그 선물 상자 안에 무엇이 들어 있는지 알 수 있다면 무엇이든 했을 것이다. 하지만 무엇보다 나중의 놀라움과 감탄을 위해서 그 안에 무엇이 들었는지 절대 알고 싶어 하지 않았다. 궁금했지만 그 놀라움을 위해서 모르고 기다리는 것을 기꺼이 선택했다. 딸 아이는 그 선물이 무엇인지 알게 되는 그 놀라운 순간이 올 때까지 궁금해 하며 그 비밀을 지키길 원했다.

내 안에서는 나의 장인의 생각과 딸의 생각이 서로 나를 통제하려고 싸우고 있다. 그 생각들이 내가 삶에 대해 일반적으로 갖고 있는 태도를 통제하려고 투쟁하고 있는 것이다. 한쪽에는 맞춤형 전략이 있다. 나는 위험을 무릅쓰는 것을 원하지 않는다. 무슨 일이 벌어지고 있는지 모른다는 것을 인정하고 싶지 않다. 내 주변의 모든 일들을 통제하길 원한다. 설명을 들어야 했다. 아무것에도 놀라고 싶지 않다. 내 안에는 그 놀라움을 죽이고자 하는 마음이 있다. 하지만 나는 놀라움을 좋아한다. 그리고 그 놀라움을 살려 두고 싶다. 놀라서 입이 벌어지고, 눈이 튀어나오고, 다리가 후들거리고, 놀라움에 몸의 힘이 풀리는 것을 좋아한다. 나는 내 삶이 놀라움으로 가득하길 바란다. 예수 그리스도는 우리에게 모든 것을 통제하려는 욕망을 뛰어넘어 놀라움에 깜짝 놀라는 경험을 하라고 부르신다.

오순절은 놀라움을 바라는 사람들과 그렇지 않은 사람들 모두를 일깨우는 사건이었다. 성령이 오시고 초대 교회가 탄생하면서 아름다운 일들이 일어났다. 예루살렘으로 유대인의 명절을 지키기 위해 여러 나라에서 사람들이 몰려왔고, 오순절에 많은 사람들이 성전을 가득 채웠다. 갑자기 돛단배의 돛을 통해 들리는 매서운 바람소리 같은 소름 끼치는 울음소리가 들렸다. 하지만 바람은 조용했다. 작은 불꽃들이 예수님 제자들의 어깨 위로 하늘 어디에선가 억수같이 쏟아졌다. 하지만 불은 일어나지 않았다. 제자들이 말씀을 전하기 시작했고, 자신들의 언어만 알아들을 수 있는 그 사람들이, 그들이 하는 모든 말을 이해하게 되었다. 이것이 성령이 오시는 징조다. 밀튼의 표현을 빌자면 '위대한 것들과 놀라운 소리들'이 오는 것이었다.

이렇게 기이하고 놀라운 일들에 대해 두 가지 반응이 있었다. 한

가지는 놀라움이었다. 자신의 모국어만 할 줄 아는 단순한 갈릴리 사람들의 말을, 그 언어를 한번도 들어보지 못한 사람들이 이해했다는 사실에 모두 '깜짝 놀랐다'고 기록되어 있다. 이들은 경탄하는 사람들이다. 다른 그룹은 더 현실적이었다. 그들은 분명 이 상황이 벌어진 이유가 있을 것이고 그것이 무엇인지 곧 알게 될 것이라고 주장한다. 이들이 바로 맞춤형 전략을 사용하는 사람들이다. 놀라움의 경지들을 맞춤형으로 눌러버려야 한다는 생각을 한 것이다. 그들이 통제할 수 없는 일이 일어났다는 사실을 견딜 수가 없었기 때문이다. 그래서 그들은 이유를 생각해 내기 시작했다. "이 사람들은 술에 취해 제정신이 아니다. 그것 외에는 이유가 없다." 그들의 논리는 틀렸다. 말하는 이들이 술에 취했다고 해서 그것을 이해하는 사람들의 능력까지 좋아지는 것은 아니기 때문이다. 우리가 초점을 맞추는 것은 바로 그들의 태도이다. 놀라움의 경지를 눌러버리고 모든 것을 자신의 생각대로 정리하려는 태도 말이다.

 예수님이 오실 때는 항상 놀라움의 위기를 창조하신다. 어디에 나타나시든 우리가 어떻게 우리의 삶에 접근할 것인가라는 의미심장한 질문을 우리에게 던지신다. 크리스마스 선물을 사는 나의 장인처럼 위험 부담도 놀라움도 없이 인생을 살아갈 것인지, 아니면 크리스마스가 되기 전까지 그 크리스마스 선물에 대해 궁금해 하는 나의 딸처럼 그 놀라움을 살려둘 것인지 고민하게 하신다. 오순절에 기적을 보고 놀라움을 금치 못했던 그들과 함께할 수 있을까? 아니면 모든 일에 대해 그 이유를 찾아야 하는 사람들 틈에만 끼어 있을 것인가? 우리의 삶에는 놀라움이 있는가? 아니면 우리는 강박적으로 놀라움을 피하려는 사람들인가? 예수님은 놀라움이 낄 수 있는 자리를 비워 두라고 말씀하신다.

베들레헴의 말구유에서 처음 탄생하신 그때에도 그랬다. 목동들은 유대의 언덕을 맴도는 천사들을 보고 두려워했다. 그리고 놀라움에 그 아이를 보기 위해 마구간으로 서둘러 갔다. 그리고 또 다시 놀라움에 사람들에게 그 소식을 전하러 뛰어갔다. 그것은 "그 소식을 들은 모든 이들이 목동들의 이야기에 놀라워했다."고 기록되어 있다. 놀라움을 누르려는 태도가 아직 그들에게까지 미치지 못했다.

예수님의 생애 내내 그랬다. 어린 시절에는 학식이 있는 사람들과 풍성한 대화를 나누었다. 하지만 많은 사람들이 그를 보고 놀랐다고 기록되어 있다. 그는 평생 사람들을 깜짝 놀라게 했다. 평범한 사람들은 그를 보고 눈에 보이는 것 이상의 능력이 있는 아이라는 것을 느꼈다. 상식적으로는 '목수의 아들일 뿐이다.' 하지만 그는 이렇게 말했다. "목수의 아들인 나를 보면, 너희는 하나님을 보는 것이다." 그리고 그가 이렇게 말했을 때, 사람들은 놀랐다.

그의 삶을 기록한 제자들은 그 사람들의 놀라움에 감탄했다. 그가 일으킨 놀라운 일들에 대해 들어보자. "예수께서 이 말씀을 마치시매 무리들이 그의 가르치심에 놀라니"(마 7:28). "뭇 사람이 그의 교훈에 놀라니 이는 그가 가르치시는 것이 권위 있는 자와 같고 서기관들과 같지 아니함일러라"(막 1:22). "대제사장들과 서기관들이 듣고 예수를 어떻게 죽일까 하고 꾀하니 이는 무리가 다 그의 교훈을 놀랍게 여기므로 그를 두려워함일러라"(막 11:18). "듣는 자가 다 그 지혜와 대답을 놀랍게 여기더라"(눅 2:47). "그들이 그 가르치심에 놀라니 이는 그 말씀이 권위가 있음이러라"(눅 4:32). "사람들이 곧 크게 놀라고 놀라거늘"(막 5:42b).

하지만 사람들을 감탄시키고 놀라게 하신 예수님은 그 놀라움을 원하지 않는 사람들도 그들의 틀에서 끌어내셨다. 바리새인들은 하나님께서 모든 일을 자신들이 원하는 방식대로 행하시고 통제하시는 질서 있는 세상에서 살기 원했다. 그들은 예수님이 행하신 모든 것을 설명할 수 있다고 거만하게 말했다. 거기에는 신비함이 없다. 예수 안에는 사탄이 있다. 그는 바알세불의 능력으로 기적을 행한다. 물론 이러한 주장이 놀라움을 원치 않는 현대인들에게는 도움이 되지 않을 것이다. 그들은 하나님이 죽으실 때 사탄도 사라졌다고 믿기 때문이다. 하지만 그 시대에는 이것이 효과가 있었던 것 같다.

오늘날 세상은 그 놀라움을 제거하려는 사람들로 가득하다. 때로 나는 이 세상에는 놀라움을 원하지 않는 사람들이 그 놀라움을 제거하기 위해 만든 국제적 음모가 있다고 의심할 때도 있다. 그들은 어디서든 나타난다. 그들은 놀라움의 목을 조르고 이 세상에서 경이로움을 완전 제거하려 한다. 그들이 가장 즐겨 나타나는 세 장소는 텔레비전과 기술, 그리고 신학이다.

오늘날 텔레비전은 놀라움을 죽이는 특기를 가지고 있다. 섹스와 폭력 때문에 TV가 나쁘다 한다면 놀라움을 죽이는 것은 그보다 훨씬 더 심각한 위협이다. 창조적 천재성을 이용해 삶의 최고봉을 깎아 내린다. 수십 억 달러에 이르는 그 산업은, 삶에는 우리 눈에 보이는 것 이상은 아무것도 없다는 전제하에 시작되었다. 시트콤을 보면서는 예상할 수 있는 장면에서 몇 번 웃어준다. 표준화된 폭력이 조금 등장하고 진부한 섹스가 살짝 더해지면 그게 전부이다. 진짜 놀랄 만한 장면은 없다. 호머 심슨은 지난주 만큼이나 이번주에도 바보 같은 모습을 보여 줄 것이다. 그것만은 확신할 수 있다.

텔레비전의 가장 중요한 원칙은 이것이다. 삶의 깊은 신비를 없애고, 닐슨의 시청률 조사에 집착하는 맞춤형 전략으로 놀라움의 경지를 모두 눌러버리도록 하는 것이다. 기술 또한 놀라움을 없애는 장을 열어 준다. 아이러니하게도 기술은 그 놀라운 성과를 통해 놀라움을 없앤다. 처음에는 기술이 우리를 깜짝 놀라게 한다. 그리고 우리는 그 기술이 모든 것을 통제하고 모든 것을 설명해 줄 수 있다고 믿기 시작한다. 그래서 기술에 대한 바로 그 놀라움이 삶의 놀라운 것들을 파괴하는 것이다. 우주선이 발사되고, 궤도에 머무는 동안 실험을 하고 무사히 지구로 귀환한다. 그러면 평범한 미국인은 이렇게 말한다. "새로운 것이 아니잖아 다시 '사인필드'나 틀어봐." 정말 순결하게 아기를 가질 수 있다. 처녀의 자궁이 아닌 시험관에서. 성령이 아닌 두 명의 산부인과 의사에 의해서. 생명 탄생의 경이함이 기술에 덮였다. 과학자들과 남성들은 섹스를 실험실의 과학적 통제 아래 두고 그것에 대한 신비함을 없앤다. 그래서 섹스를 덜 음란하고 오히려 일상적인 것으로 만든다. 놀랍게도 학교에서 총격사건들이 벌어지고, 곧 기자들은 심리학자 등을 동원해 그에 대한 설명을 끌어내려고 노력한다.

"미스터리를 없애지 말라. 이 지옥 같은 죄악에서 놀라움을 앗아가지 말라. 나는 이 끔찍하고 놀라운 사건이 아무도 이해할 수 없는 신비가 되어야 한다고 주장한다. 내가 사는 세상에 놀라운 이들이 계속 남아 있었으면 좋겠다."

마지막으로 신학이 있다. 나의 전공이다. 한때 신학자들의 임무는 모든 것을 인간의 방법으로 설명하려는 이단자들로부터 그리스도의 신비를 보호하는 것이었다. 그 이단자들은 하나님과 인류가 어떻게 예수라는 인간을 통해 하나가 되었는지 그 이유를 알고 싶어 하는 사람들이었다. 그러나 신학은 이렇게 주장한다. 설명하려 하지 말라. 그 사실을 믿고 그에 놀라워하라.

후에 신학은, 보호해야 했던 그 경이한 일에 등을 돌렸다. 놀라움을 원하지 않는 신학자들은 이어지지 않는 이야기나, 풀리지 않는 의문, 해답을 찾지 못한 질문을 좋아하지 않는다. 우리 생각의 해치를 누르고 믿음의 주벅을 조인다. 첫 성령 운동에 대해 우리가 어떻게 반응했는지 돌아가 보자. 기쁨에 뛰며 "나는 치유되었다. 이것은 기적이다."라고 외치는 사람들이 있다. 이에 비해 맞춤형 신학자들은 "치유되었을 리가 없다. 우리의 신학 이론에 따르면, 치유의 기적은 제자들의 죽음 이후 사라졌어야 한다."고 말한다. 놀라움 죽이기 신드롬을 눈치 챘는가? 우리에게는 시스템이 있고 그 시스템을 혼란시킬 그 어떤 놀라움도 허락되지 않는다. 놀라움은 바로 이 평평한 시스템에 의해 사라지고 있다.

예수 그리스도는 바로 이 시대뿐 아니라, 모든 시대의 이러한 사고방식의 적이다. 그리스도가 들어오시면, 인생의 문은 놀라움을 향해 열린다. 그를 만나면 이성적인 설명으로는 이해할 수 없는 부분이 아주 많다는 것을 이해하게 된다. 그가 당신을 만나면 그는 다시 한 번 놀라움을 향해 당신의 마음을 여신다.

복음이 우리의 믿음에 안겨 주는 것은 우리를 깜짝 놀라게 하는 신비다. 우리는 성육신하신 예수 그리스도를 단순히 시간과 영원에 대한 이성적 이론만으로는 이해할 수 없다. "엎드려 천사의 목소리를 들어라." 이것이 놀라움으로 가는 길이다.

>보라, 위대한 창조자가 흙으로 집을 지으신다.
>처녀의 몸을 입으셨다, 영원히.
>들으라, 들으라, 영원한 진리의 말씀이 약한 아이처럼 운다!
>종의 모습을 하고 주님이, 그리고 하나님이 구유에 누우셨다.

이것은 놀라움을 두려워하지 않는 믿음의 시이다. 예수 그리스도를 만나고, 어떻게 놀라움이 이성에 묶이고 기술에 묻힌 이 세상에서 우리가 살 수 있겠는가?

예수를 통해 이 땅에 내려진 은혜는 깜짝 놀랄 만한 경이로운 삶의 경험을 하게 해 준다. 하나님의 경기에서 영원히 아웃되었다고 생각할 때 놀라운 용서로 은혜는 임한다. 내가 더 이상 살아갈 수 없다고 생각할 때 놀라운 힘과 능력으로 은혜는 임한다. 내가 사는 세상의 모든 것에는 이제 희망이 없다고 말할 때 은혜는 약속의 기적으로 임한다. "나 같은 죄인 살리신, 그 은혜 놀라와." 이 노래가 당신의 마음에 새겨지면 당신은 다시는 놀라움을 향한 마음의 문을 닫을 수 없게 된다.

놀라움을 향한 문을 열어 놓으면 주변 사람들도 신비의 새로운 차원을 보게 될 것이다. 당신이 아는 모든 사람이 앞으로 놀라움에 눈을 뜰 잠재력을 갖게 된다. 좋아하지 않는 사람들을 만날 수도 있겠지만, 내 곁에 있는 것이 당연하다고 느껴지는 사람을 다시는 만나지 못할 것이다. 놀라움은 고정관념을 없앤다. 당신 주변에 모여 있는 모든 사람들, 일상의 애정으로 묶인 사람들, 아주 가까운 사람들을 나누는 경계에 있는 사람들, 그들은 모두 멋진 사람들이다. 이들은 당신 같은 사람이 모두 이해하기엔 신비를 너무 깊이 감추고 있다.

인간의 자유로운 영혼의 수수께끼를 푸는 척하는, 가엾게 보이는 세상의 놀라움을 원하지 않는 사람들을 주의하라. 예를 들어, 학문적으로 어수룩한 사람에게 개인의 자유와 존엄성을 포기하도록 설득하고, 자유한 사람들로 이루어진 가족을 조건 반사로 똘똘 뭉친 사람들과 맞바꾸라고 설득하는 사람들의 행동을 생각해 보자. 우리 영혼의 놀라움을 죽이려는 이들은 무엇이 두려운가? 그들에게 정말 각 사람에게는 신비가 있어, 어느 날 마치 모든 것을 다 아는 척하는 심리주의가 경이로운 인류를 죽였다고 생각할 때 그 신비함이 불현듯 나타나 코를 납작하게 해 줄지도 모른다는 두려움은 없는가? 하지만 심리학 이론의 놀라움을 죽이는 이들과 나는 싸우고 싶지 않다. 그들이 대학 실험실에서 비둘기들을 데리고 놀도록 그냥 두겠다. 대신 나는 우리의 내면에 있는 놀라움을 죽이는 그 세력에 대해 이야기하려고 한다.

 한가지 인정할 것은 당신도 새롭고 흥미로운 것을 기대하지 않는다는 것이다. 당신은 지난 몇 년간의 세월 동안 남편에 대한 기대치를 최소화한 틀에 맞춰 넣지 않았는가? 하지만 당신이 20년을 함께 살아온 사람의 내면에 있는 그 신비함의 잠재력을 보는데 눈이 멀었었는지도 모른다. 당신이 그 신비함을 보지 못한다 해도 그 신비함은 존재한다. 아이들을 생각해 보자. 효과적으로 아이를 키우는 법에 관한 매뉴얼도 읽고, 아동 심리학에 대한 저명한 잡지 기사들까지 읽고 나서 당신은 아이들의 내면까지 모두 꿰뚫고 있다는 자신감에 안주하지 않았는가? 만약 스스로 다 파악하지 않았다면, 전문가가 대신 해 주기를 바라지 않는가? 하지만 진실은 당신의 아이들도 놀라운 신비라는 것이다. 그들이 살짝 이상해서가 아니라 그들이 온전히 인간이기 때문이다.

 우리는 부모님들도 똑같이 대하려는 경향이 있다. 그들이 나이가 들면 마치 그들은 우리를 놀라게 할 수 없고, 그들에게는 어떤 신비함도 없는 것처럼 말이다. 우리는 이를 주의해야 한다. 그들은 내면에 비밀스런 모습들을 감추고 살아가는지도 모른다. 밖에 나가 자신들을 너무 빨리 쉽게 당연하다고 여긴 사람들에게 혀를 내밀고 싶은 마음이 있을 수도 있다. 나이 드신 부모님들에게 다가가는 가장 어리석은 방법은, 당신이 모든 것을 이해한다고 알리는 것이다. 그들은 속으로 당신을 비웃으며 당신이 그들의 비밀스런 모습들까지도 견뎌 낼 수 있는지 궁금해 할 것이다.

우리가 다른 사람들 내면의 놀라움에 주파수를 맞출 수 있다면, 우리는 스스로의 신비함에 대한 준비도 해야 한다. 나는 내가 아는 것, 당신 눈에 보이는 것 이상이다. 당신은 스스로의 모습과 생각의 신비함을 풀어가는 것은 시작조차 하지 않는다. 당신의 모습은 우리가 상상하는 이상으로 깊이가 있다. 당신은 얕은 사람이 될 수 없다. 하나님은 그런 사람을 만드시지 않으신다. 당신이 원한다면 자신의 깊이에 대해 생각을 닫아버릴 수는 있다. 하지만 당신 자체가 얕은 사람이 될 수는 없다.

당신이 그리스도인이라면 이것은 일만 배 더 명확하다. 이것을 놀라운 자아 발견이라 생각하라. 새로운 방법으로 스스로를 바라보고도 여전히 자신이 얕고 예측할 수 있는 사람이라 생각할 수 있는가? "이제는 내가 사는 것이 아니요 오직 내 안에 그리스도께서 사시는 것이라"(갈 2:20). 바로 이 말씀 안에 당신에 대한 깜짝 놀랄 만한 진실이 담겨 있다. 예수 그리스도는, 성령을 통해 당신 안에 임재해 계시고, 당신의 깊은 자아에 관여하신다. 거울을 볼 때, 외모에서 눈을 돌려 내면의 영혼을 바라보고, 스스로를 하나님을 닮은 깊고 신비로운 존재로 여겨야 한다. 세상의 놀라움을 죽이는 사람들이 당신 영혼의 신비함과 경이로움에 대한 놀라움을 파괴하지 못하도록 해야 한다.

　이 시대는 놀라움을 향한 우리의 마음을 열어 놓는 데 은혜가 필요하다. 하나님의 부르심에, 성령의 미는 손길에, 그리고 평범한 사람들의 마음에서 우러나오는 깊은 깨달음에 은혜가 필요하다. 은혜는 정말 위대한 선물이다. 아직도 눈이 동그래지고, 다리가 후들거리고, 소스라치게 놀랄 수 있는 부분들이 있다면, 당신은 놀라움을 향해 열려 있는 것이다. 또한 당신은 하나님이 이루시는 경이로운 일들을 위한 준비가 되어 있는 것이다. 그리고 가장 중요한 것은 모든 것이 잘못되었을 때도 괜찮을 수 있는 것이다.

　검은 구름이 몰려오고, 삶이 빗나가고, 상황이 혼란스러울 때 당신은 어쩌면 다른 사람들이 상상한 것보다 더 깊은 내면의 것을 볼 수 있을지도 모른다. 그 어떤 것에도 불구하고 당신은 눈에 보이지 않지만 놀라우신 하나님의 손에 있기 때문에 괜찮을 것이라는 사실을 알게 될지도 모른다. 그러나 당신의 마음이 놀라움을 향해 열려 있지 않다면 이 구원의 감격을 놓치게 될 것이다.

　당신의 삶에 놀라움이 있기를! 놀라움으로 가득한 이들에게 복이 있을 것이다. 그들은 하나님을 볼 것이고 온전히 자신을 알 것이다.

아파하는 사람들과 함께 아파한다면, 그것이 곧 하나님의 마음이다

_ 고통의 선물

> 자녀이면 또한 상속자 곧 하나님의 상속자요 그리스도와 함께한 상속자니
> 우리가 그와 함께 영광을 받기 위하여
> 고난도 함께 받아야 할 것이니라 (롬 8:17).

얼마 전에 한 친구가 그의 마음속에서 조금씩 일어나고 있는 특이한 걱정에 대해서 나에게 이야기한 적이 있다. 그의 삶은 행복했다. 사랑스런 아내와 행복한 결혼생활을 하고 있었다. 몸도 건강했고 건강한 소만큼이나 튼튼했다. 예쁘고 재능 많고 열심히 생활하는 자녀들이 있었다. 또한 그는 자신의 전공 분야에서 일인자였다. 그렇다면 그는 왜 무슨 걱정을 하고 있는 것일까? 그는 모든 것이 이렇게 좋으니 무엇인가는 잘못되어 있을 것이라 걱정했다.

그는 그리스도인이고 예수님께서 제자들에게 그들의 헌신의 결과로 무언가는 잘못될 수도 있다는 믿음을 갖도록 하셨다는 것을 알고 있었다. 하지만 그는 그렇게 큰 고통을 겪어보지 않았다. 그는 지금 어떤 상태일까? 그리스도인으로서의 그의 헌신에 약한 부분이 있는가? 그렇게 모든 일이 술술 풀리는데 어떻게 그가 괜찮을 수 있는가?

그와 비슷한 시기에 나는 고통에 관한 성경의 가장 강한 말씀을 보고 동요했다. '우리가 예수와 함께 고통 받을 때에야 비로소 우리는 하나님의 자녀이다.' 라는 말씀이었다. 복음에 있어서 이것은 작은 글씨로 적혀 있는 주석 정도에 불과하다. 그리고 고통 받는 사람들에게만 적용된다. 우리가 예수와 함께 이 땅에서 고통 받지 않는 이상 우리에게 천국이란 없다. 내 친구가 걱정하는 것이 어쩌면 당연한 것인지도 모르겠다.

우리가 하나님의 자녀가 될 수 있는 자격을 얻기 위해 고통을 겪어야 한다면, 우리는 좋은 인생에 대한 비전을 수정해야 할 필요가 있다. 우리는 고통을 보고 이렇게 질문한다. 왜 나에게? 예수님은 우리에게 고통을 보고 이렇게 질문하라고 말씀하신다. 왜 안 되는가?

우리는 대부분의 고통은 어떤 경우에라도 피해야 할 것으로 생각한다. 예수님은 우리가 그에 대한 가장 작은 대가로 함께 고통을 나누길 원하신다. 그것을 거부하면, 우리는 그의 친구가 아니고 우리는 하나님의 자녀들이 아니다.

가장 간단하게 생각하면 된다. 인생의 깊은 진리를 발견하기 위해서는 인생의 저주 받은 부당함을 겪어 보아야 한다. 우리가 원하지 않는 고통의 감정을 느껴야 한다. 원하지 않는 불행을 참고 견뎌야 한다. 그리고 흘리고 싶지 않은 눈물을 흘려야 한다. 우리가 지금 고통을 겪지 않으면, 최후에 겪게 될 것이다. 가장 비참한 사람이 될 것이다. 결국 모든 게임이 끝나고 최종 점수를 계산할 때, 우리가 인생의 부당함의 고통을 겪었다면 모든 것이 괜찮아질 것이다.

딜레마

하지만 딜레마가 있다. 우리가 꼭 알아야 할 정말 중요한 것이다. 모든 고통이 우리가 하나님의 자녀가 될 수 있는 자격을 부여하는 것은 아니다. 또 단순히 운명에 한방 맞았다고 해서 모든 것이 괜찮아지는 것도 아니다. 중요한 것은 고통을 받는 누군가와 함께 고통 당해야 한다는 것이다. 믿는 자로서 우리도 예수님과 함께 고통 받아야 한다. 우리가 그리스도의 고통에 참여할 때, 또한 그와 함께 아버지의 상속자가 된다. 엄청나지 않은가!

고통의 방법의 차이에 대해 이야기하기 전에, 먼저 고통의 정의에 대해 동의해야 한다. 내가 제안하는 간단한 정의에 대해 한번 생각해 보라. 고통은 절대 참고 견디고 싶지 않은 것을 참고 견뎌내는 것이다. 만약 무엇인가를 정말 없애고 싶은데, 그것이 사라지지 않을 때 당신은 고통을 당하고 있는 것이다. 정말 잠을 자고 싶은데, 방안 어디에 앉지도 않으면서 윙윙 날아다니는 파리처럼 단순히 귀찮은 것일 수도 있다. 배우자를 배신한 기억처럼 죽을 때까지 느껴지는 죄책감일 수도 있다. 두통이나 암처럼 육체적인 고통일 수도 있다. 사랑하는 사람이 세상을 떠나거나, 자녀들이 깊은 수렁에 빠질 때 느끼는 절망적인 외로움 같은 정신적인 고통일 수도 있다. 우리의 경험을 고통스럽게 하는 것과, 우리를 고통 받는 사람들의 가족으로 묶어 주는 것은 그 고통, 슬픔, 상처가 사라지기를 바라는 강한 욕구와 그것이 사라지도록 할 힘이 우리에게는 없다는 사실이다. 고통은 어떤 것이든지, 무엇인가가 잘못되어 가고 있고 우리에게는 그것을 바로잡을 수 있는 능력이 없다는 느낌을 갖게 한다.

그러나 고통을 당하는 데는 두 가지 방법이 있다. 이 방법은 긍정적이기도 하고 부정적이기도 하며, 서로 뒤엉켜 있는 것처럼 보이지만 분명히 다르다. 바로 다른 사람에게서 고통을 받는 것, 그리고 다른 사람과 함께 고통을 당하는 것이다. 고통을 받는 것과 함께 고통을 당하는 것! 그 질은 하늘과 땅 차이다.

우리가 무엇인가로부터 고통을 받을 때, 그 고통이 우리에게 닥쳐올 때 그것은 우리를 손아귀에 넣고, 피하려 하는 우리를 포로로 잡고 파괴시킨다. 자연으로부터 올 수도 있고 사람에게서 올 수도 있다. 하지만 그 원인은 관계가 없다. 어디에서 오건 간에 그 고통은 우리를 공격한다. 우리가 예측하고 준비할 시간도 없이 살며시

다가와 모든 것이 괜찮다고 생각할 때 우리를 공격한다. 우리의 삶으로 교묘히 들어와 처음에는 가슴에 조그마한 혹처럼 눈치 챌 수 없게 한다. 그리고 어떤 때는 당신의 남편이 트럭에 치였다는 말처럼 정면충돌하기도 한다. 그리고 때로는 잠깐의 발작이나 아내가 바람을 피고 있다는 근거 없는 예감처럼 계속 귀찮게 하기도 한다. 자연으로부터 고통을 받는 것은 척추 끝에 신경이 눌렸다든가, 내장 기관에 암세포가 생기는 등의 상황이다. 사기꾼에게 당하거나, 친구가 배신을 하거나, 사랑하는 사람에게서 버림 받았을 때 우리는 사람에게서 고통을 받는다. 그것이 무엇이건 간에 무엇인가로부터 고통을 받을 때는 우리가 피해자가 된다. 고통은 환영받지 못하고 우리 모두가 싫어하는 것이다. 우리는 고통을 선택한 적이 없다. 단지 그래야 하기 때문에 그 고통을 참는 것이고, 셰익스피어의 표현처럼 절대 빠지지 않는 '저주받은 얼룩'처럼 우리는 절대 그것에서 벗어날 수 없다.

무엇인가로부터 누군가로부터 고통을 당하지 않고 세상을 살아가는 사람은 없을 것이다. 하지만 그 고통을 통해서 하나님 나라에 들어갈 수 있는 것은 아니다. 잔인한 세상이나 못된 이웃에게 맞았다 해서 하나님 나라의 시민이 되는 것은 아니다. 하지만 운 좋게 피했다고 해서 완전히 쫓겨난 것도 아니다.

천국에 들어갈 자격을 얻기 위해서 고통을 당해야 한다고 정말 믿는다면 우리는 아마 다 미쳐버릴 것이다. 거룩한 마조히즘이 전염병처럼 번질 것이다. 건강한 사람들, 사랑을 찾은 사람들 그리고 재산을 많이 모은 사람들이 고통의 우위를 거부 당한다면 속았다고 생각할지 모른다. 질병인가? 동전의 다른 면을 생각해 보자. 바라보는 모든 사람이 몸서리칠 정도로 병에 시달리고 고통 받는 사람들은 그 끔찍한 고통을 대가로 천국의 일등석을 예약했다는 생각에 행복해 할지도 모른다. 잘못된 희망인가? 나는 그들이 옳기를 바랄 뿐이다. 세상에는 너무 많은 고통을 겪어서 이후에 행복을 누리지 못하는 것을 잘못된 것으로 여기는 사람들도 있다.

하지만 보장은 없다. 고통을 당한다고 해서 꼭 승리하는 것은 아니다. 참 안타까운 일이다.

고통 받는 것에 대해서는 여기까지 하겠다. 이제 문제의 핵심으로 넘어가야 한다. 사람들과 함께 고통당하는 것! 다른 사람의 상처가 우리 마음을 아프게 하도록 우리가 자유롭게 선택할 때 우리는 사람들과 함께 고통을 당하는 것이다. 피해자가 되는 것이 아니다. 상처를 받을지 말지는 스스로 결정하는 것이다. 이 고통 가운데 우리는 자유하다. 고통을 당할 자유, 혹은 도망갈 자유가 있다. 고통을 참을 자유와 아니라고 말할 수 있는 자유가 있다. 이제는 자연이 우리를 공격해서 상처 받는 것이 아니다. 그 자연이 다른 사람에게 주는 아픔을 공유하기로 선택했기 때문에 아픈 것이다.

우리가 자처한 것이다. 내가 한 것이다. 우리는 한발 나아가 고통받는 사람들에게 가까이 다가가서 그들의 고통이 피부를 통해 흘러나와 우리의 마음에 닿아서 그들의 고통이 우리의 고통이 되도록 해야 한다. 선택한 고통의 아이러니 가운데 우리는 피하고 싶은 고통을 인정하고, 원하지 않는 고통을 기꺼이 겪기로 하고, 절대 지고 싶지 않았던 부담을 지기로 선택하는 것이다. 이것이 함께 고통당하는 것이다. 사랑의 힘의 끝은 이웃에게 다가가 그들에게서 즐거움을 얻으려 하는 것이 아니라 그들과 함께 아파하는 것이다.

함께 고통당하는 것이 무엇인가로부터 고통을 받는 것보다 결코 덜 아프지 않다. 양의 차이가 아니다. 이 둘의 차이는 의지에 있다. 고통을 받을 때 우리는 단순히 그것을 받아들인다. 당당하거나 초라하거나, 영웅적인 용기를 가지거나 비겁하거나, 하지만 우리가 선택하는 것은 아니다. 다른 사람들과 고통을 나누는 것은 내가 선택해서 고통당하는 것이다. 하지 않아도 되는 일, 심지어 하고 싶지 않은 일도 하겠다고 선택하는 것이다. 두 눈 똑바로 뜨고 타인의 고통 가운데로 들어가 그 고통을 내 것으로 만드는 것이다.

고통의 천재성

예수의 삶에 대해 조금이라도 아는 사람이라면 누구나 예수가 사람들과 고통을 나누는 데 최고였다는 것을 분명히 알 수 있다. 예수님이 이 땅에서 당하신 고통의 가장 독특한 부분은 고통을 나누었다는 것이다. 그는 정말 많은 고통을 겪었다. 그리고 다른 사람의 손에 의해 고통당했다. 그는 겁먹은 편협하고 오만한 사람들의 분노에 고통당했다. 그는 로마제국의 잔인함에 고통당했다. 쉽게 변하는 친구들에게 고통당했다. 피부에 박히는 못에 고통당했다. 그러나 그가 단순히 많은 고통을 당했다고 해서 세상의 구원자는 아닌 것이다. 예수님 외에도 고통 받은 위대한 사람들이 많았다. 그의 고통이 손톱이 하나하나 뽑히고 화형장에서 화형당한 사람들의 고통보다 훨씬 더 하다는 것을 굳이 증명할 필요는 없다. 예수님의 고통이 특별한 것은 그 양 때문이 아니라 그 질 때문이다. 그가 다른 사람들로부터 얼마나 많은 고통을 받았느냐가 아니라 다른 사람들과 얼마나 함께 고통을 당했느냐는 것이다. 고통 받는 자들과 함께 고통당하셨기에 그는 구세주인 것이다.

  예수님은 아직도 고통 받는 사람들의 입장에 자신을 놓으신다. 그리스도의 대리자가 누구인지 알고 싶다면 이웃에 상처 받은 사람을 찾으면 된다. 예수님은 피하고 싶은 것들을 참고 견디는 사람들, 모든 것이 잘못되었을 때 그것을 이겨 내려고 노력하는 사람들 가운데 찾을 수 있다. 예수님은 이 땅의 상처 받은 영혼들을 통해 나타나신다. 그들 가운데 방문자나 위로하는 친구로 계신 것이 아니다. 그는 그들 중 한 사람이다. 그는 바로 그 사람들이다. 이것이 바로 자아전이이다. 예수님은 바로 고통 받는 사람 자신이 되시는 것이다.

예수님은 고통 받는 사람들에게 이렇게 말씀하신다. "그곳에 내가 있다." 그는 그 고통을 함께 느끼기 때문에 이렇게 말씀하신다. 그들의 아픔을 느끼시고, 그들의 고통을 나누시고, 그 고통 받는 사람과 자신을 동일하게 여기신다. 예수님이 바로 우리의 상처 받은 이웃이다. 그는 당신의 아파하는 자녀이다. 그는 상처 받은 당신의 적이다. 그는 자신이 선택하지 않았음에도 고통당하는 이들이다. 아파하는 사람의 아픔을 느낀다면 당신은 예수와 함께 고통을 당하는 것이다. 의구심이 생긴다면 그분의 말씀을 보라.

옥에 갇힌 사람을 가서 보면, 나를 본 것이다. 헐벗은 사람에게 옷을 입히면 나에게 입힌 것이라. 주린 자에게 먹을 것을 주었으면 그것은 나에게 준 것이라. 병든 자를 돌보면 나를 돌본 것이라. 낯선 자를 집에 들였다면 나를 들인 것이라(마 25:31-46).

이것은 예수님의 말씀이다. 하지만 나는 예수님을 한번도 뵌 적이 없다. 당신은 있는가? 상관없다. 예수님은 이렇게 말씀하시기 때문이다. "임금이 대답하여 이르시되 내가 진실로 너희에게 이르노니 너희가 여기 내 형제 중에 지극히 작은 자 하나에게 한 것이 곧 내게 한 것이니라 하시고"(마 25:40).

이제 모든 것이 확실히 드러났다. 사도 바울은 결국 모든 것이 괜찮아지도록 하기 위해서는 예수님의 고통을 함께 나누어야 한다고 말한다. 그리고 예수님은 우리에게 그 방법을 알려 주신다. 우리가 가깝거나 멀거나 이웃의 아픔을 함께 나누면 예수님과 아픔을 나누는 것이다. 우리가 남편들과, 아이들과, 이웃들과 그리고 다른 나라의 전혀 모르는 사람과 아픔을 공유할 때 우리는 예수님과 아픔을 나누는 것이다.

개인적으로 모두 괜찮아지는 것의 비결이 바로 여기 있다. 사랑의 힘이다. 이 사랑의 힘은 다른 사람과 고통을 나누는 것이다. 그것을 좋아해야 한다는 말도 안 되는 소리는 하지 않겠다. 거룩한 마조히즘이 사랑인 척 우리를 속이게 할 수는 없다. 고통이 되기 위해서는 당신이 아픔을 싫어하고 그것이 삶에서 사라지길 원해야 한다.

고통이 결국 우리가 성인(saint)이 될 수 있도록 해 주기 때문에 좋은 것이라는 어리석은 말도 하지 말자. 우리는 진정한 고통에 대해 이야기하는 것이다. 그리고 고통은 지금 가진 것을 좋아하는 것이 아니다. 하지만 사랑의 힘은 그럼에도 불구하고 그것을 선택하고, 당신의 곁에 있는 사람과 그것을 단순히 나눠질 수 있는 힘을 준다. 당신이 선택하여 함께하는 것이다. 몸을 비비꼬고, 손톱으로 겨우 붙잡고 있어도, 하나님께서 그것을 없애 주시길 바랄지라도,

다른 사람이 그 고통을 느끼는 동안 당신도 함께 느끼기 위해 선택하는 것이다. 그것이 바로 사랑의 결과이다.

그렇다면 고통을 나눌 사람을 어디서 찾을 수 있는가? 친숙한 곳을 둘러봐야 하는가? 그래서 눈에 띄는 것이 있는지 봐야 하는가?

고통과 결혼

결혼에 대해 생각해 보자. 그 누구의 결혼도 고통의 열매이다. 낭만적인 쾌락주의자들은 결혼이 성적 활력으로 자기만족적인 관계가 불타오르도록 만들어진 것이라 이야기할지 모른다. 하지만 그들은 당신을 속이는 것이다. 당신의 결혼 서약은 함께 고통당하기로 약속한 것이다. 그렇다 고통. 절대 그 말은 되돌리지 않겠다. 당신은 결혼과 함께 고통당하기로 약속한 것이다. 다만, 함께 고통을 나누는 것이다. 물론 싫든 좋든 상대방으로부터 고통을 당하게 될 것이다. 당신은 함께 고통을 나누기로 약속했다. 이는 충분히 논리적이다. 당신이 결혼한 그 사람은 살아가는 동안 언제가 됐던, 그 규모에 상관없이 상처를 받을 것이기 때문이다. 당신은 그런 배우자와 함께 아파하기로 약속한 것이다. 결혼은 고통을 나누는 삶이다. (그러나 기억해야 할 것은 배우자가 당신에게 일방적으로 고통을 줄 것에 서약하지 않았다는 것이다. 만약 남편이 육체적으로 정신적으로 당신에게 폭력을 가한다면 지금 바로 그만 두도록 하라. 예수님은 당신이 부부간의 동네북이 되는 것을 원치 않으신다.)

하지만 만일 한 여성이 조금씩 암 세포에 먹히고 있는 남편의 고통 가운데 함께 살아간다면 그녀는 함께 고통을 나누는 것이 무엇인지 알 것이다. 암은 그보다 그녀에게 더 큰 아픔이 될 수도 있다. 남편보다 그 아픔이 사라지기를 더 바라는지도 모른다. 그 시간이 길어지면서 때로는 빨리 남편이 세상을 떠나고 모든 것이 끝나서 혼자 슬퍼하고 이겨낼 수 있도록 해 주기를 바랄지도 모른다. 어쩌면 그가 반 죽은 상태로 이 세상에 너무 오래 남아 있어 자신이 매일 조금씩 죽어가는 것에 분노할지도 모른다.

함께 고통을 나누는 것은 그 기간이 길어질수록 더 어렵다. 달콤한 위선이나 단순한 긍정적인 사고를 열망하지 말기 바란다. 의심을 인정하라! 중요한 것은 가끔 드는 부정적인 생각에도 불구하고 그녀는 그와 함께 고통을 나누기로 선택한다. 하지만 그 감정을 차단하거나 고통을 부인하지 않는다. 최악의 기분을 느끼면서도 사랑으로, 고통을 함께 나누는 진정한 사랑으로 함께하는 것이다. 상대방이 고통당하는 내내 함께할 것이다.

배우자와 고통을 나눌 수 있는 기회가 항상 명확하게 "고통 받는 사람"에게로부터 오는 것은 아니다. 남편들은 고통을 항상 겉으로 표현하지는 않는다. 어쩌면 부인이 고통을 감지하는 특별 센서가 있어서 그가 인정하지 않아도 그의 고통을 알아주길 바랄지도 모른다. 아니 고통을 감추려 할지도 모른다. 고통스러운 외침이 분노의 말에 가려질 수도 있고, 아픈 마음이 웃는 얼굴 밑에 깔려 있을 수도 있다. 두려움이 허세에 가려질 수도 있고 떨림이 차분함에 가릴 수 있다. 고통 받는 배우자의 보이지 않는 고통과 떨림을 알아채기 위해서는 정말 민감한 지진계가 필요할 것이다.

아픔을 감추려는 사람과 고통을 나누려면, 아픔을 감추는 모습 그대로를 공유해야 한다. 그가 '감정을 인정하고 표현할 때까지' 기다릴 수 없다. 자신의 고통을 믿고 나눌 수 있을 만큼 강해질 때까지 기다릴 수 없다. 그가 가리고 있는 그 고통과, 그 고통을 가림으로써 느끼는 이중 고통을 겪어야 할지도 모른다. 더 어렵게 만드는 것은 전혀 내색하지 않고 그와 그 고통을 공유해야 한다는 것이다. 고통을 숨기려는 사람들은 당신이 함께 고통을 느끼고 있다는 사실을 알면서도 모른 척할 수도 있다. 그리고 최악의 상황은 이것이 결혼생활 내내 이어질 수 있다는 것이다. 세상에 알려지지 않고 고통당하는 사람으로서의 역할을 체념하고 받아들여야 할지도 모른다. 그가 함께 고통을 나눌 마음이 생기기 전에 그에게 이야기하도록 강요하지 말라. 당신의 추측 가운데 있는 고통을 나눠야 할지도 모른다. 그리고 그렇게 아주 오랫동안 나누게 될지도 모른다.

고통을 숨기려는 배우자와 고통을 나누는 것은 예술에 가깝다.

이를 완전히 터득한 사람은 아무도 없다. 하지만 서투른 아마추어도 예수님과 고통을 나누는 자로서의 자격이 있다.

고통과 부모

우리의 자녀들이 있다. 예수님과 고통을 나누는 기회를 제공해 줄 가능성이 가장 높은 사람들이다. 물론 주님이 주신 축복이다. '아이들이 많은 사람은 행복한 사람이다.'라고 시편 기자는 말했다. 나는 그의 진실을 의심하지 않겠다. 다만 그의 자녀들이 판단할 나이가 채 되기도 전에 그 이야기를 했다고 생각한다. 첫 아이를 낳고 나서 내 조카들은 병원에서 첫 아기 기저귀를 갈았던 장면을 찍은 비디오를 보여 주었다. 귀여운 아기 엉덩이가 주인공인 최고의 쇼였다. 그때 나는 이렇게 생각했다. 만일 기저귀 가는 것이 방송 탈만한 사건이라면, 아기의 첫 단어는 프라임 타임 방송이 될 것이다. 하지만 무아지경에 빠진 그들이 그 아기를 낳았을 때 그들은 알지도 못하는 사이에 부모의 고통에 동참한 것이다. 세상에서 가장 사랑스러운 아기는 분명 15년째가 되면, 어쩌면 그보다 더 일찍 고통을 불러올 것이다. 아이를 잉태하는 순간 당신은 고통에 서약하는 것이다.

 다시 한 번 명심할 것은, 아이와 함께 고통을 나누는 것은 아이들로부터 고통을 받는 것과는 다르다. 아이들은 우리가 고통으로 정신을 잃게 만든다. 우리의 꿈을 실현시켜 주지도 않는다. 그들은 인간 이하의 야만인처럼 행동할 수도 있고 우리의 불확실한 부모로서의 자아를 완전히 짓밟을 수도 있고, 희망을 송두리째 앗아갈 수도 있다. 독특한 십대 한 명이 가장 위대한 사람도 말려 죽일 수 있다. 이것은 함께 고통을 나누는 것이 아니다. 물론 그런 경우도 있겠지만. 그 차이를 알 수 있는 간단한 방법은, 아이들이 골칫거리라고 생각될 때면 분명 그들과 함께 고통을 나누기보다는 그들이 당신에게 고통을 주는 상황일 것이다.

자녀와 함께 고통을 나누는 예를 들어보겠다. 나의 아들 찰리가 오래된 폭스바겐의 모터를 맞춤 수퍼 엔진으로 바꾸려고 한 적이 있었다. 그는 그 힘든 모험에 대한 초보적 개념이 있을 뿐이었지만, 하나씩 새 엔진 부품을 사 모으기 시작했다. 새 카뷰레터, 배전기, 그리고 콘덴서까지. 마침내 몇 달이 지난 후, 그는 모든 부품을 조립했고 그가 완성한 엔진은 마치 훌륭한 현대 조각품처럼 그의 침실에서 빛을 발하고 있었다. 그 다음은 엔진을 차체에 끼워 넣는 것이었다. 어느 날 새벽 2시에 새 엔진은 조심스럽게 제 자리에 잘 장착되었다. 일단 장착이 되고 나서 엔진은 불가피한 작은 문제들을 일으키기 시작했다. 기름이 새고, 여기저기 합선이 있어 환상의 순간은 무한 연기되고 있는 것 같았다. 마침내 그날이 왔다. 캘리포니아에서 가장 손이 많이 간 폭스바겐 엔진에 시동을 걸기 전에 카뷰레터를 한 번 더 튜닝해야 했다. 그래서 그는 월요일에 전문 카센터로 차를 가져갔고, 그 차는 하룻밤을 그 주차장에서 보내게 되었다. 아들은 그 차에 시동을 걸고 운전할 수 있는 화요일 오후를 손꼽아 기다렸다. 1년치 용돈을 절약하고, 화도 내고 많은 땀을 흘린 노력의 결과로 이제 열쇠 한번 돌리면 그 멋진 기계에서 들리는 부르릉 소리로 영광스러운 절정을 맞이할 때가 온 것이다.

하지만 아직 때가 아니었다. 그 전날 밤, 정말 최악의 인간이 차에서 그 멋진 엔진에 있는 부품이란 부품은 다 가져가고 빈 쇠덩어리만 남겨 놓았다. 암이나 심장마비의 공격이 아니어도 충분히 고통스러울 수 있는 상황이었다. 찰리는 그날 고통을 당했고, 나와 아내도 그와 함께 그 고통을 겪어야 했다. 우리는 함께 분노했다. 단순히 도둑을 맞은 것이 아니라, 정말 소중하게 여기던 것을 빼앗긴 것이다. 우리는 그의 마음에 들어가 누군가의 목이라도 조르고 싶은 그의 심정을 헤아렸다. 그리고 우리가 그와 그렇게 단순하게 고통을 나누었을 때 우리는 주님과 함께 고통을 당한 것이다.

하지만 위기에 처한 자녀와 고통을 나누는 것은 쉬운 일이다. 타인에 의해 벌어진 위기에 대해선, 자녀와 함께 그 범인을 때려눕히면 된다. 스스로 위협을 느끼지도 않고 당신의 우아한 자녀 양육도 위협 받지 않는다. 아드레날린과 함께 감정이입이 자연스럽게 흘러나온다. 사실, 고통의 위기는 당신 안에 숨겨진 따뜻한 사랑을 표현할 수 있는 멋진 기회이다.

고통을 나누는 것은 그 고통이 오래되고 조금씩 자녀의 마음에 자리를 잡기 시작할수록 더 어려워진다. 고통은 때로는 휴화산처럼 뜨겁게, 깊은 곳에서 항상 폭발의 위협을 지니면서, 우리가 들여다보지 않는 이상 우리의 눈에 보이지 않게 끓곤 한다. 자녀가 남 모르게 아픔을 숨기고, 분노만 보일 때는 자녀와 고통을 나누는 것이 어려워진다. 또한 원망으로 가득 차 당신의 마음을 갈기갈기 찢어 놓을 때도 그 고통을 함께하기가 어려워진다. 당신은 자녀의 희생양이 되고, 그런 당신은 누군가 다가와 그 고통을 함께 나눠 주기를 원한다. 자녀가 고통을 당할 때 어떻게 자녀의 고통을 함께 나눠 줄 수 있겠는가?

어쩌면 당신의 자녀는 조금씩 절망의 늪으로 빠져 들고, 실패자가 되는 자신을 부끄러워하고, 희망도 기쁨도 없고 그 절망의 늪에서 빠져나올 힘조차 없을지 모른다. 당신은 그 자녀가 상처 받아 아파하고 있고, 사춘기의 늪에 빠져 있다는 것을 눈치 챌 수 있지만, 그 자녀가 당신에게 보여 주는 것은 그 분노의 동요 위에 떠있는 거품뿐이다. 당신을 사랑하는 줄은 알지만, 자녀가 보여 주는 것은 증오심뿐이다. 가까워지려고 노력하지만, 자녀들은 당신이 참견하지 않길 바란다. 밤새 기도하지만 하늘에서 들려오는 것은 침묵뿐이다. 전혀 이해가 되지 않는다. 조금씩 스스로에게 자신을 변호하는 당신을 발견하게 된다. 나쁜 부모가 아니었고, 당신 책임이 아니라는 것이다. 자기 방어로 이빨을 가는 동안, 딸에 대한 공감대를 잃어버린다. 스스로를 동정하게 된다. 함께 고통당하는 것은 어려운 일이다.

특히 다른 부모가, 아주 잘 자라고 있는 자녀를 당신 앞에 들이댈 때 이는 더 힘들어진다. 왜 하나님은 사랑하는 사람들과 고통을 나누려는 사람들에게 삶을 더 쉽게 만들어 주시지 않는 것일까?

고통과 이웃

그리고 이웃이 있다. 세상의 고통당하는 사람들과 고통을 함께하는 것에 대해 생각할 때면, 나는 구호 단체 광고에 나오는 삐쩍 마른 어린 아이들, 먼 세상에 있는 아이들을 떠올리게 된다. 세상의 그 어떤 고통 받는 사람들도 기아에 허덕이는 그 아이들만큼 함께 고통을 나눌 수밖에 없게 만드는 사람들은 없다. 하지만 내가 사는 지역에서는 예수님과 함께 고통을 나누는 것이 가까운 곳에서도 이루어질 수 있다고 생각하도록 한 사건이 있었다.

내가 사는 동네는 조용하고 깨끗한 곳이다. 중산층의 집들이 줄

지어 있고, 그 집들의 가격이 최근 천정부지로 치솟아, 지금 살고 있는 사람들은 그 집을 현재 가격에 사라고 한다면 아마 엄두조차 내지 못할 것이다. 하지만 우리 집에서 한 블록 떨어진 곳에는 거의 쓰러질 듯한 오래된 집이 한 채 있다. 방이 10개나 되는 큰 집이다. 대 가족이 이사 나간 후로는 줄곧 비어 있었다. 그리고 최근 몇몇 그리스도인들이 그 집을 빌려 어려움에 처한 젊은 남성들을 위한 갱생 시설로 사용하고 있다.

처음 생각은 새로운 삶을 시작하려는 18세~24세의 남성 10명~12명을 수용하는 것이었다. 그들의 한 가지 공통점은 자신의 가족들과 함께 어울려 살지 못하는 것이다. 마약을 한 사람도 있고, 범죄를 저지른 사람도 있었다. 한 사람도 제대로 사는 사람이 없었다. 하지만 그들 모두는 새로운 시작을 원했고, 그 집에서 그 시작점을 찾기를 원했다. 그들은 규율에 따라 그 집에서 거하고, 그 집을 유지하는 데 각자 제 역할을 하기로 했다.

그들이 우리 동네에 사는 것은 구역법을 위반하는 것이었다. 그리고 물론 부동산 가치의 문제도 있었다. 이 동네 집들 중 하나가 왜곡된 생각을 가진 열두 명 이상의 남성들을 치유하는 시설이라면, 부동산 가치가 떨어지지 않을까? 우리 딸들이 안전할까? 충분히 제기할 수 있는 질문이다. 많은 동네 주민들은 두려워했고, 히스테리를 일으키는 사람들도 있었다. 진정서가 돌기 시작했다.

"그 단체를 동네에서 나가도록 하자. 부동산을 보호하자. 우리의 딸들을 보호하자." 동네 주민 대부분이 서명을 했다.

몇몇 사람들은 잠시 멈칫했다. 그들은 아들들과 지옥 같은 고통을 겪고 이제 겨우 그 탕자들이 하나님과 함께 새로운 삶을 시작할 곳을 찾았다는 일말의 희망을 가지고 있는 부모들을 생각하기 시작했다. 그들은 그 부모들의 과거 아픔과 새로운 희망을 함께 느끼기 시작했고, 그들과 함께 고통을 느끼기 시작했다. 그리고 물론 그 고통스러운 과정을 겪고 있는 그 젊은 남성들과도 고통을 함께 했다. 그들은 차마 펜을 들고 그들을 동네에서 추방시킬 그 진정서에 서명을 할 수가 없었다. 어쩌면 이것도 아주 작지만 예수님과 함께 고통을 겪는 일일 수도 있다.

나의 아내, 아이들, 그리고 길 끝에 사는 이웃주민들? 글로벌 비전은 어디로 갔는가? 사람들과 고통을 나눌 수 있는 더 중요한 길이 있을 것이다. 캘커타의 더러운 거리의 거지들을 생각해 보자. 아니면 과테말라의 조직 폭력의 희생자들에 대해 생각해 보자. 동유럽에 굶주리는 아이들은 어떤가? 물론 생각해야 한다. 우리는 부르주아의 한계를 뛰어 넘어야 한다. 고통을 함께 나눈다는 것은 바로 돔 헬더 카마라와 같은 혁신적인 성직자들, 테레사 수녀와 같은 연민을 가진 수녀님처럼 하는 것이다. 먼저는 가난한 자들과 함께 살며 그들을 이해하는 것이다. 그 다음 단계는 아마도 편안한 집과

환경에서 벗어나, 사람들이 정말 상처 받고 아파하는 시궁창 냄새 나는 슬럼가로 들어가는 것일지도 모른다. 하지만 지금 그들은 도심 외곽에 있고 그들에게는 가족이라는 이름의 사랑과 충성심으로 함께하는 사람들이 있다. 바로 예수의 형제 자매들이다. 왜 안 되는가? 그리고 적어도 그곳에서 시작하면 큰 게임을 위한 연습을 할 수 있다. 걷기 전에 먼저 기는 연습부터 해야 한다. 그게 내 주장이다.

다시 한 번 이야기해 보자. 우리는 아파하는 하나님의 자녀들과 고통을 함께할 때에만 하나님의 자녀가 될 수 있다. 다시 말하면, 다른 사람들이 겪는 모든 잘못된 것들을 경험해야지만 우리의 근본이 괜찮을 수 있는 것이다.

피로가 승리할까?

말은 쉽다. 때로는 다른 사람의 짐까지 지기에는 너무 지쳐 있다. 수입 차만 고집하는 사람들에게 뷰익차 몇 대를 팔려고 일주일 내내 고생한 나에게 어떻게 세상의 고통을 느끼라고 할 수 있는가? 내가 이렇게 심한 감기에 걸려 있는데 어떻게 아내의 걱정을 함께 해 줄 수 있단 말인가? 게다가 어떨 때는 정말 어찌해야 할 바를 모르겠다. 혼자 내버려 두고 가라고 소리만 지르는데, 어떻게 그런 딸의 우울증을 함께 겪을 수 있는가? 예수님, 나는 너무 지쳤습니다. 그리고 나는 돈을 많이 버는 심리학자도 아닙니다.

우리도 힘든 일이 많은데, 다른 사람의 아픔을 함께 나누고, 눈앞에 해결책이 보이지도 않는데 오랜 시간 그 고통을 함께 느낄 수 있는 힘은 도대체 어디서 찾는단 말인가? 우리 안에 있는 사랑보다 더 큰 사랑이 필요하다. 하나님은 사랑이시다. 그 하나님이 우리는 필요하다. 이를 왜 부인하는가? 우리의 피로함과, 서투름을 벗어나 다른 사람의 삶 가운데로 들어가, 그녀에게서 기쁨을 얻고자 하는 것이 아니라, 그 고통을 함께 나눌 수 있으려면 우리는 하나님이 필요하다. 이것이 진리이다. 하나님 없이 할 수 없다면, 그 일을 하기 위해서는 하나님과 함께해야 한다는 것이다. 조금이라도 다른 사람과 고통을 함께 나눈다면 우리는 확실히 하나님과 함께하고 있는 것이다. 우리는 하나님이 하시는 일을 그대로 하는 것이다.

고통에 대한 하나님의 해답은, 그에 동참하고 느끼고 함께 아파하는 것이다. 고통 받는 사람이 그의 삶의 모든 잘못된 것들에 대해 하나님께 소리친다. "왜 나를 버렸습니까?" 하나님은 그의 최악의 순간에 그와 함께하심으로 그 질문에 답하신다. 예수님은 십자가에 달리셨고, 하나님도 그와 함께 달리셨다. 하나님은 우리와 함께하시고 그의 어려움 때문에 십자가에 달리신다.

그러므로 내가 누군가와 고통을 함께 나누기를 원할 때, 그의 모든 잘못된 것들 가운데에서도 나는 괜찮다는 사실을 알 수 있다.

그 이유는 이렇다. 내가 다른 사람의 삶에 들어가 그녀의 고통을 함께 느끼면, 나는 이 우주의 궁극적 의미와 능력에 맞게 가고 있는 것이기 때문이다. 내가 제대로 하지 못해도 괜찮다. 그것을 좋아하지 않는다 해도 상관없다. 다른 사람의 고통과 분노에 함께하면, 예수님과 함께하는 것이다. 그리고 그로 인해 나는 괜찮을 수 있다. 나는 구원 받았고, 나는 하나님의 상속자이다. 모든 것이 잘못됐다 할지라도 나는 괜찮다.

언젠가는 우리와 함께 고통을 나누시는 하나님의 방법이 끝날 것이다. "모든 눈물을 씻기실 것이다"(계 21:4). 모든 것이 바르게 변할 것이다. 바로 그것이 희망이다. 지금은 아직도 눈물 흘리고 있는 사람들의 눈물로 우리의 볼이 적셔져야지만 우리가 괜찮음을 발견하고 깨달을 수 있다.

7장

하나님은 질그릇일 뿐인 우리들에게 하나님의 보물을 담으셨다

_ 평범함의 선물

> 우리가 이 보배를 질그릇에 가졌으니
> 이는 심히 큰 능력은 하나님께 있고
> 우리에게 있지 아니함을 알게 하려 함이라(고후 4:7).

당신은 하나님이 인류에게 주신 가장 위대한 선물을 지닐 자격이 있다. 이것이 내가 해 줄 수 있는 가장 훌륭한 칭찬은 아닐지도 모른다. 하나님은 그 가장 위대한 선물을 평범한 갈색 포장지에 포장하시기 때문이다. 그의 위대한 보물은 평범한 흙 그릇에 담겨 온다. 그는 아주 평범한 사람들을 통해 은혜를 보여 주신다. 하지만 당신이 이웃에게 보여 주는 모습이 하나님의 모습일 수도 있다는 사실은 놀랍다.

우리는 이 보물을 질그릇에 담아 놓고 있다. 물론 우리가 개별적으로든 단체로든 그 그릇이 되고, 그 평범한 흙덩어리들이 인류에게 주어진 최고의 선물을 담고 있다. 하나님은 그의 거룩한 선물을 평범하고, 거룩하지 않은 인류에 담아 포장하고 분배함으로써 우리가 겉포장만 높이 평가하여 선물의 가치를 보지 못하는 일이 없도록 하신다.

우리가 그릇이라면, 그 보물은 무엇인가?

사도 바울은 그 보물이 "예수 그리스도의 모습 속에 나타난 하나님의 영광에 대한 지식"이라고 말한다. 지식은 항상 경험의 지식이다. 우리의 생각이 관여하기는 하지만 단순한 공상은 아니다. 하지만 하나님을 아는 것은 그를 경험하고, 함께 살아가고, 하나님께 사랑 받고 또 그를 사랑하는 것이다. 하나님의 영광을 경험하는 것은 하나님의 탁월함을 경험하는 것이고 그의 놀라운 본질을 경험하는 것이다. 하나님의 진짜 모습의 비밀을 아는 것이다.

우리는 어디서 하나님의 영광을 경험하는가? 그의 영광의 모습들은 경외하는 천군천사의 모습에서 본다. 그의 영광에 대한 소문도 여러 가지 다른 소리로 듣게 된다. 하지만 하나님이 정말 어떤 분이신지 경험하길 원한다면, 그의 영광을 알기 원한다면 사람의 얼굴을 보면 된다. 그의 이름은 예수이다.

예수의 모습이란? 단순히 물 속에 비치는 모습 이상이다. 눈물이 흘러내릴 수 있는 볼 이상으로, 두려움이나 수치심으로 단 한번도 주춤하지 않은 맑은 유대인의 눈빛 이상이다. 예수의 모습은 그를 필요로 하고 따르던 사람들 가운데 일하는 사람의 살아 있는 전형(profile)이다. 예수의 얼굴은 사람들에게 보인 모습, 그가 한 말, 그가 한 행동 모두를 의미한다. 예수님의 삶, 총체적으로든 구체적으로든, 슬픔의 눈물, 약함의 탄식, 능력의 기적, 진리의 말씀, 이것이 예수님의 얼굴이다. 이것이 바로 다음 말씀에 담긴 의미이다.

"나를 본 자는 아버지를 보았다"(요 14:9).

하나님의 특징을 알다

하나님의 특징을 가장 명확하게 보려면, 그가 인간으로서 살아가는 동안의 중요한 세 가지에 초점을 맞추면 된다. 첫 번째는 그의 탄생이다. 두 번째는 그의 죽음이다. 그리고 세 번째는 그의 부활과 승천이다. 이 세 순간들이 하나님의 영광에 대한 가장 명확한 정의를 내려 준다.

예수의 탄생에서 우리는 하나님께서 연약한 인간의 모습으로 오시는 것을 볼 수 있다. 하나님은 우리가 처한 장소와 조건을 공유하기로 선택하셨다. **하나님은 우리와 함께하신다.** 예수님의 죽음에서 우리는 고통 받는 인간의 모습 속에 임재하신 하나님을 본다. 하나님은 우리의 적이 되는 대신 우리의 편이 되기로 선택하셨다. **하나님은 우리를 위하신다.** 부활과 승천에서 우리는 승리하는 인간의 모습 속의 하나님을 본다. 이 모습에서 우리 존재의 가장 깊은 곳으로 서서히 들어오신다. **하나님은 그리스도의 성령으로 우리 안에 계신다.** 예수님에 대한 세 가지 관점이 바로 하나님에 대한 세 가지 관점이다.

카메오에 하나님의 영광이 있다. 이곳에서 나타나는 것이 하나님의 진정한 모습이다. 그는 우리와 함께하시는 하나님, 우리를 위하시는 하나님, 우리 안에 계시는 하나님이다. 요약하자면, 하나님께서 그의 얼굴을 보이실 때, 그는 항상 은혜를 보여 주신다. 우리에게 맡기고자 하시는 그 보물은 다름 아닌 하나님의 은혜이다. 우리가 은혜라고 말할 때는 정확히 이것을 의미한다. 우리와 함께하시는 하나님의 약속, 우리 안에 계시는 하나님의 능력, 그리고 우리를 위하시는 하나님의 용서.

자, 이제 중요한 이론으로 넘어갈 준비가 되었다. 하나님은 이제 이 보물을 우리와 같은 질그릇에 담으신다. 우리는 평범한 흙덩어리들이고, 하나님은 인류에게 주시는 그의 선물을 우리에게 맡기신다. 예수님을 통해 얼굴을 보이신 하나님은 이제 우리의 평범한 인류를 통해 얼굴을 보여 주신다. 우리에게는 계속 지체하며 기다릴 가치가 있는 기적이 감춰져 있다.

물론 우리는 비유적 표현을 사용하고 있다. 우리가 진짜 흙덩어리들은 아니다. 우리는 아름다운 하나님의 형상으로 지어진 훌륭한 인간이다. 하지만, 우리의 모습 중에는 정말 흙덩어리 같은 모습들도 있다. 우리의 모습과 하나님이 어떻게 우리 같은 사람들을 통해 오시는지를 잘 설명해 주는 비유적 표현이 나올 만큼 말이다.

우리가 가장 먼저 기억해야 할 것은, 모든 질그릇들이 독특하다는 것과 하나님의 질그릇이 되는 것은 그 누구도 똑같을 수 없다는 사실이다. 도공의 물레에서 그 손길이 흙덩어리로 빚어낼 수 있는 그릇의 모양은 끝이 없다. 어떤 것은 너무 평범해서 테라스에 내어 놓기 전에 장식을 하고 싶은 것들도 있다. 하지만 흙으로만 빚어진 그릇이 너무 정교하고 아름다워 존 키츠 같은 시인이 그 그릇을 보고 불후의 명작을 남기도록 할 수도 있다. 질그릇에는 하나의 형태도, 하나의 스타일도, 하나의 성도, 하나의 색도 없다.

하지만, 그 다양성이 끝이 없다 해도 질그릇은 한 가지 공통점을 가진다. 당신과 나 그리고 세상 모든 사람은 질그릇으로서의 공통점을 가지고 있다. 당신도 가지고 있는 특징, 질그릇의 특징 세 가지를 제시하고자 한다. 질그릇은 약하여 깨지기 쉽다. 질그릇은 실패하기 쉽다. 질그릇은 기능적이다. 이 특징 중에 자신의 특징을 발견할 수 있는지 한번 살펴보라. 그리고 어쩌면 당신 가운데 하나님의 얼굴을 발견할 수 있을지도 모른다.

질그릇은 약하여 깨지기 쉽다

가장 훌륭한 작품들은 민감하고, 쉽게 이가 빠지고, 깨어지기 쉽다. 하나님은 그의 보물을 깨지지 않는 상자나 단단한 납으로 된 금고에 넣거나 스티로폼 패딩으로 포장하지도 않으셨다. 천사들이나 에펠 탑에서 떨어뜨려도 깨지지 않는 플라스틱 성인들에게 보물을 맡기지도 않으셨다. 그는 깨어지기 쉬운 질그릇을 원하셨다. 하지만 이것은 결국 고통과 상처를 부른다. 도자기를 줄지어 세워 놓고, 이리저리 움직이고, 먼지를 털고, 너무 가까이 두면 결국 그릇이 파손된다. 입구가 깨지거나, 손잡이가 떨어지거나 아니면 아예 산산조각 나기도 한다. 이를 잘 기록하고 재고 조사를 하라. 하나님의 보물을 가지고 다니기로 동의했다면, 당신의 임무가 끝나기도 전에 깨어진 그릇이 되기 쉽다.

이 일을 하다 보면 상처를 입을 수 있다. 때로는 영혼이 둘로 찢어지는 느낌을 받을 수도 있다. 당신 안에 갈등이 생긴다. 마음으로는 그리스도인이 되고 싶지만 동시에 악마처럼 느껴질 때도 있다. 당신 주변에 갈등이 있다. 하나님은 선하시다고 믿지만 그가 이 세상에 그냥 놓아 두는 악을 보면 참을 수가 없다. 스스로가 평범한 흙에 불과하다는 사실을 알기 때문에 하나님의 얼굴이 되는 것은 쉽지 않다. 하지만 다른 깨어진 그릇들이 가까이 다가올 때 당신도 연약함을 느낀다. 그들은 당신을 아프게 하거나 혼란스럽게 할 수도 있다. 그들 역시 질그릇일 뿐이기 때문이다. 이 세상에 흙덩어리가 당신만이 아니라는 사실을 기억하라. 깨어지기 쉬움. 이는 쉽게 파손되고, 약하고, 민감하고, 강하지 못하고, 부서지기 쉽다는 의미이다. 당신도 그러한가? 그렇다면, 전능하신 하나님께서 질그릇에 그의 보물을 맡기시고 당신 같은 연약한 인간을 통해 그의 얼굴을 보이신다는 사도 바울의 말에 자신감을 되찾을 수 있다.

질그릇은 실패하기 쉽다

질그릇이 원하는 대로 임무를 성공적으로 수행할 것이라는 보장은 절대 없다. 모든 그릇이 매번 훌륭한 성과를 내는 것은 아니다. 얇은 그릇에 뿌리 깊은 식물을 심으면 실패하게 된다. 얇은 그릇에 너무 많은 물건을 넣으면 산산조각 나 버릴 것이다. 보는 것만으로는 확신할 수 없다. 그래서 하나님은 질그릇들에 대해 위험을 감수하신다. 중요한 일을 평범한 종들에게 시킬 때는 항상 도박을 하게 된다. 우리도 하나님과 위험을 감수한다. 실패할지도 모른다는 사실을 알면서도 하나님의 은혜를 가지고 다니는 것은 위험한 모험이다.

몇 년 전 나는 아주 영광스러운 임무를 수행해 달라는 부탁을 받았다. 그리고 나는 아주 잘할 수 있을 것이라는 오만한 자신감을 가지고 그 일을 하기로 했다. 나는 최선의 노력을 다해 그 일을 행했다. 하지만 성공하지 못했다. 실패한 것이다. 그 상황에 대해 조금이라도 나에게 이익이 되는 방향으로 설명을 해 보려고 노력했다. 아직 그들이 나를 맞을 준비가 안 되었다고 얘기함으로써 그 상황을 설명하려 했었다. 하지만 내 뜻대로 되지 않았다. 유일한 설명은 바로 이것이다. 시도를 했지만 나는 실패한 것이다. 나는 우아하게 실패를 받아들이는 것보다 겸손하게 성공을 받아들이는 것을 더 잘한다. 그래서 나는 그 실패를 잘 받아들이지 못했다. 그것에 대해 애를 태웠다. 사람들을 실망시켰고 나 역시도 그리 잘나 보이지 못했다. 나는 하나님의 은혜를 지닐 자격이 없다고 생각했다. 그때 하나님께서는 나에게 다가오셔서 이렇게 말씀하시는 것 같았다. 너는 선택을 할 수 있다. 못된 자존심 앞에서 비굴하게 굴 수도 있고 내 방식에 적응할 수도 있다. 내 방식은 질그릇에 담긴 내 보물을 신뢰하고, 틀리기 쉬운 인간을 통해 내 얼굴을 보여 주는 것이다.

분명 당신의 마음 깊은 곳에는 계속 당신을 괴롭히는 불안한 실패의 순간들이 있을 것이다. 직장에서의 실패, 부모로서의 실패, 도덕적 사람으로서의 실패 그리고 그 외 여러 가지. 당신만큼 사람들이 당신을 잘 안다면 아마 그들은 당신과 같은 질그릇을 놓고 도박하시는 하나님이 과연 제정신인지 놀라워할 것이다. 프랜시스 톰슨의 시 「하늘의 사냥개」에는 다음과 같은 구절이 나온다. 이 구절은 우리가 가끔 스스로에 대해 어떤 감정을 갖는지 잘 표현해 준다. 톰슨은 하나님께 잡히기 전까지 하나님께로부터 도망을 쳤다. 그리고 하나님은 톰슨이 느낀 대로 말씀하셨다. "엉긴 흙덩이 같은 모든 인간 중에서 가장 쓸모없는 흙덩어리인 너를, 치욕스런 너를 사랑할 사람이 어디 있겠느냐? 나밖에는, 단지 나밖에는 말이다." 당신도 이렇게 느낀 적이 있는지도 모른다. 가장 쓸모없는 흙덩어리. 질그릇으로서의 실패의 아픔을 느껴 보았다면, 이 말을 명심하라. 하나님께서는 그를 섬기기에 당신이 너무 보잘것없다고 말씀하지 않으실 것이다. 그의 목적을 수행하기에는 너무 지저분하다고, 그의 특별한 보물을 지니기엔 너무 평범하다고 말씀하시지도 않을 것이다. 하나님은 그의 보물을 다른 것이 아닌 실패하기 쉬운 질그릇에 두신다.

질그릇은 기능적이다

대부분 도자기들은 특정 용도를 위해 만들어진다. 박물관에 가서 화산 폭발과 시간의 흐름을 모두 견뎌 낸 도자기들을 보며 과연 그 용도가 무엇이었을까 궁금해 진다. 3천 년 전 아테네 뒷골목의 도공은 분명 20세기 박물관을 위해 그리스 문화의 영광을 드러내기 위한 수집용으로 그 도자기를 만들지는 않았을 것이다. 노예가 주인의 정원에 물을 길어갈 수 있도록, 또는 결혼식에서 사용할 포도주를 담기 위해서 만들었을 것이다. 예술 작품이 되는 것은 이차적 문제이다. 주로 도자기는 사람들이 그 안에 넣는 무엇인가를 수송하고 따르기 위해서 만들어졌다. 하나님의 질그릇들은 하나님이 채워 주시는 것을 담고 따르는 기능을 한다. 하나님은 그 안에 자신을 채우신다.

질그릇은 제 기능을 다하기 위해서 비어 있어야 한다. 어떤 방법으로든, 그분의 신비스러운 방법으로, 그분은 우리 안에 들어와야 한다. 성령과 함께 와야 한다. 그리고 우리의 양심을 통과하여 우리 안에 계시는 하나님이 되셔야 한다. 우리와 함께 계시고 우리를 위하시는 하나님은 우리 안에 거하시는 하나님이 되신다. 그분이 우리 안에 거하시면, 우리는 그의 은혜의 비밀을 다른 사람과 나누는 기능을 수행하는 그릇이 되는 것이다. 그분은 우리에게 강요하지 않으신다. 그분은 자신이 우리의 내면에 조심스럽게 흘러 들어올 수 있도록 단지 우리 삶을 그분을 향해 열어 놓으라고 말씀하신다. 우리가 하나님의 역사하심을 거부하면, 우리는 채워질 수 없고, 제 기능을 다하지 못할 것이다. 우리는 장식품이 될 수는 있다. 그러나 하나님께서는 책장 장식품에게는 그의 보물을 맡기지 않으신다. 우리가 약하고 자주 실패하지만 채워질 수 있고 제 기능을 다할 수 있다. 하나님의 가장 좋은 선물을 담은 질그릇으로서 말이다.

하나님은 어떻게 그분의 얼굴을 세상에 보이시는지에 대해 미안해하지 않으신다. 그분은 우리의 모습 그대로를 받아들이셨다. 질그릇은 하나님의 첫 선택이었다. 우리는 이 일을 할 하나님의 사람들이다. 천사 가브리엘을 선택하실 수도 있었겠지만, 그분이 원하신 것은 우리와 같은 사람이다. 하나님이 천사가 올 때까지만 우리와 함께한다는 생각을 한번이라도 했다면, 당신은 하나님의 방식을 전혀 이해하지 못한 것이다. 하나님은 하늘의 거룩한 천사들을 보시고 이렇게 말씀하셨다. "너희는 자격이 없다. 나는 약하고, 오류가 많고, 기능적이며 내가 채울 수 있는 질그릇이 필요하다." 비록 우리가 깨어진 그릇이지만, 하나님의 선택이었다.

나는 가끔 질그릇을 선택하신 하나님이 가장 믿기 힘들었다. 사람들은 항상 하나님께서 수퍼맨 이야기를 사용하길 원한다. 예수님을 만난 사람들도 그랬다. "내 수영장 물위를 걸으라." 〈지저스 크라이스트 수퍼스타〉에서 오만한 헤롯왕은 명령했다. 하나님의 영광이 평범한 나사렛의 흙덩어리 안에 있다고? 절대 그럴 리가 없다. 우리에게 수퍼스타를 보여 달라!

기독교 역사에 있어 첫 이단은 사람들이 예수가 진짜 사람이라는 사실을 부인했을 때 나타났다. 우리가 정말 하나님의 보물을 지니고 있다면, 날 수도 있고, 우리의 자녀들을 구하기 위해 어디서든 나타날 수 있고, 모든 로이스 레인의 마음을 사로잡을 수 있을 것이라고 짐작하곤 한다. 하지만 서투른 클라크 켄트인 우리들은 위험에 처한 도시를 구하기는커녕, 피 흘리고 상처 받고, 겨우 일을 처리한다. 믿기 힘들지만, 하나님의 방법은 수퍼맨이 아닌 세상의 클라크 켄트들에게 보물을 맡기는 것이다. 꿈에서 깨어나라. 당신은 수퍼맨이 될 수 없다. 당신은 단지 질그릇에 불과하다. 하지만 당신은 하나님의 그릇이다.

왜 하나님은 이 방법을 사용하시는 걸까? 왜 할리우드 과대광고의 떠들썩한 선전과 허풍이 가득한 스타 시스템을 사용하지 않으시는 것일까? 아니면 우리가 구원 받는 순간 왜 우리를 '소머즈'나 '6백만 불의 사나이'로 바꿔 주시지 않는 것일까? 정답은 간단하다. 질그릇을 사용하심으로써, 실제 일어나는 것들에 민감할 수 있도록 하기 위해서이다. 분명히 말씀하시는 것은 그가 우리를 사용할 때, 그 일을 할 수 있도록 하는 것은 우리의 기술이 아닌 하나님의 능력이라는 사실이다. 하나님은 우리에게 놀랄 준비를 시키시는 것이다.

나의 설교를 듣고 누군가가 처음으로 내게 다가와 그가 그날 들은 설교 내용 때문에 그의 삶이 변화되었다고 말한 것을 기억한다. 그것은 하나님이 그 사람 안에 들어가셔서 나의 설교를 용서의 소식으로, 그 사람의 삶의 능력과 약속의 말로 바꾸신 것이다. 나의 첫 반응은 '어랏, 정말 되네! 나를 통해서?'였다. 그리고 아직도 나는 그 놀라움에 익숙해지지 않았다. 아주 최근에 그리스도인이 된 어떤 한 사람이 주변의 모든 사람들에게 한 이야기에 나는 항상 공감해 왔다. 그가 예수님을 영접할 당시 그는 아주 엄격한 나이트클럽 운영자였다. 자신이 하나님의 일을 할 수 있는 사람은 아니라고 생각했다. 그래서 그는 이렇게 하나님을 증거 했다. "이봐 친구, 하나님이 나에게도 하실 수 있으면, 당신은 식은 죽 먹기야."

우리 모두에게 해당되는 말이다. 하나님께 우리는 식은 죽 먹기이다. 우리의 흙덩어리가 수퍼맨을 만들 수는 없을지라도 말이다. 누군가가 당신에게 다가와 "당신의 말이 힘든 상황에 있던 나에게 큰 격려가 되었어요."라고 이야기할 수도 있다. 그때 당신은 하나님의 능력이 당신을 통해 역사하셨음을 알게 될 것이다. 또 누군가가 "당신이 안 된다고 말해 주는 용기를 냈기 때문에, 내가 그 어리석은 죄를 짓지 않을 수 있었어요."라고 말할 수도 있다. 그러면 당신은 이렇게 답할 수 있다. 하나님의 능력이었습니다. 그분이 나를 통해 역사하시는 것이 더 감사한 일입니다." 그리고 누군가가 당신이 한 말이나, 경청하는 태도 때문에 당신을 통해 예수님 안의 하나님의 도우시는 은혜를 경험하게 된다면 당신은 알게 될 것이다. 우리 같은 평범한 흙덩이도 그분이 사용하신다는 것을 말이다.

그렇기 때문에 약하고, 실패하기 쉽지만 기능적이고 하나님이 채우실 수 있는 평범한 인간으로서의 모습을 그대로 간직하는 것이 필요하다. 지금 있는 그대로의 모습을 지켜 나가라. 그 모습 그대로 하나님의 보물을 나눌 수 있는 자격을 갖고 있는 것이다. 연약한 모습 그대로, 즉 영혼의 결점과 마음의 평범함을 가지고 알지 못하는 내일의 가능성으로 나아가라. 지금 그대로의 질그릇이 되어라. 하나님께서 채우실 수 있도록 하라. 그러면 지금 세상 그 무엇보다 하나님이 필요한 그 누군가에게 당신은 하나님의 손이, 그분의 마음이 그리고 그분의 얼굴이 될 수 있을 것이다. 그 일이 당신에게 일어나면, 그때 당신은 확실히 알 수 있을 것이다. 당신 주변의 것들이 아무리 잘못되었다고 해도, 당신 안에는 가장 훌륭하고 바른 것이 있다는 사실을 말이다.

더 이상 견딜 수 없다면, 하나님께서 역사하실 때이다

_ 열린 마음의 선물

> 또한 우리를 위하여 기도하되
> 하나님이 전도할 문을 우리에게 열어 주사
> 그리스도의 비밀을 말하게 하시기를 구하라(골 4:3).

나는 195센티미터가 넘는 키로 1952년형 플리머스 자동차에 내 몸을 구겨 넣어 뉴저지 패터슨의 무너져 가는 도심에 있는 작은 교회에 가려던 참이었다. 나는 그때 안수를 받으러 가는 길이었고, 개인적으로는 그 길을 걸어갈 준비가 안 되어 있어 두려움에 떨고 있었다. 차에 타기 전, 나는 내 옆에 서 있던 친구이자 전 신학교 교수인 조지 스토브에게 이런 질문을 했다. "내가 이 길에 뛰어들기 전에 마지막으로 해 줄 좋은 조언이 없나?" 조지는 내게 알려 주어야 할 그 마지막 한가지가 머리에 박혀 있었던 것처럼 바로 대답을 던졌다. "설교할 때, 평범한 사람들에게 설교하고 있다는 사실을 꼭 기억해."

참 고맙기도 하지. 그 머리로도 신학교 교수가 될 수 있단 말인가? 그동안 몰랐던 것도 아니고! 어쨌든, 그동안 신학교 교수들에게서 듣고 축적한 데이터 꾸러미에 그 친구의 진부한 조언도 구겨 넣고 목사 안수를 받으러 나는 출발했다.

하지만 결국은 내가 거만할 정도로 순진했던 탓에 그때는 평범한 사람들에 대해 잘 몰랐던 것으로 스스로 결론을 내리게 되었다. 그때는, 내 마음 깊은 곳에서도 설교자의 진정한 태도에 관한 문제가 어디서 결정나는지 알지 못했다. 나는 학문적으로 여물어 있었다. 나는 내 신학에만 관심이 있었고, 설교를 쓰는 기술에만 집중하고 있었다. 하지만 나는 내 이상적인 설교를 듣는 사람들의 평범함에 대해서는 전혀 알지 못했다.

보통 사람들

가슴을 저리고 아프게 하는 책과 영화 《보통 사람들》은 우리에게 인간의 평범함에 대한 새로운 정의를 내리게 해 주었다. 완벽주의자인 엄마는 그녀의 작은 세계를 언제나 완전히 통제하려고 노력했다. 하지만 가장 사랑하던 아들의 죽음이 그녀의 삶의 근본을 흔들기 시작하자 그녀는 이에 대항하지 못했다. 아들은 익사했는데, 그녀의 사랑의 힘도 그와 함께 물속에 가라앉았다. 살아남은 아들은 자신보다 더 똑똑하고 훌륭한 형이 죽고 자신이 살았다는 죄책감을 이겨 내지 못했다. 아버지는 자신이 가장 사랑하는 두 사람을 도와줄 수 없다는 안타까운 현실을 견디지 못했다. 이들은 보통 사람들이다. 평범하다는 것은 너무 약해 단순히 인간으로서 견디기 힘든 어려움들을 이겨 내지 못한다. 보통 사람들은 영웅이 아니다. 겁쟁이는 아니지만, 영웅도 아니다. 너무 많은 일들에 대한 불안감으로 시달리는, 한계가 있는 사람들이다.

우리 같은 평범한 사람들은 삶을 이미 짜여진 스티로폼 상자에 맞춰 넣을 수 없다. 우리가 원하는 만큼 인생을 잘 관리할 수도 없다. 적어도 비밀스런 부분에 있어서는 더 그렇다. 모든 일을 우리가 원하는 대로 마무리지을 수 없다. 우리가 원하는 대로 모든 일이 끝나지 않을 것이다. 우리에게는 생존이 우리가 원하는 가장 성공적인 이야기가 되기도 한다. 보통 사람들은 벼랑 끝에 사는 사람들이다. 벌어진 틈 사이로 떨어지는 사람들과 우리를 구분 짓는 그 얇은 선에서 한발 물러나 살고 있다. 보통 사람들은 하나님께 사인을 구하는 사람들이다. 모든 것이 다 엉망으로 보일 때에도 괜찮을 수 있다는 사인이면 어떤 것이든 구한다.

조지가 나에게 해 주려고 했던 말은 나를 통해 하나님께 도움을 구하는 많은 사람들이 이러한 면에서 보통 사람들이라는 것이었다. 그들의 삶은 성공의 정상이 아닌 실패의 끝에 와 있다. 승리의 정점이 아닌 패배의 궁지에 몰려 있다. 나에게 오는 사람 모두가 실패자라는 의미는 아니다. 그가 하려던 말은 많은 사람들이 살아가면서 언젠가는 자신이 실패했다고 느낄 것이라는 것이다. 그가 얼마나 옳았는지 내가 깨닫는 데 너무 오랜 시간이 걸렸다.

사도 바울은 보통 사람들이 정말 확실히 모든 것이 잘못되었다고 생각되는 상황에 직면 했을 때 그들의 삶이 결국 괜찮아질 것이라고 믿는 것이 얼마나 힘든 일인지 알고 있었다. 그래서 보통 사람들의 닫힌 마음을 열어 그리스도의 비밀이 그 마음 가운데로 들어갈 수 있도록 기도를 부탁했다. 사도 바울이 열고 싶어 했던 문이 바로 이 문일 것이라 확신한다. 모든 것이 잘못되었을지라도 우리가 괜찮을 수 있다는 그 좋은 소식이 들어오지 못하도록 우리가 닫아버리는 바로 그 마음의 문 말이다. 그것 말고 어떤 문을 열어야 했단 말인가? 로마나 유럽의 문이 아니었다. 그 당시 로마 시민이었던 바울 같은 사람은 어디든 갈 수 있었기 때문이다. 도시를 향한 문도 아니다. 도시 성곽의 문을 여는 데 기적은 필요 없었다. 그가 기적을 필요로 했던 것은 보통 사람들의 닫혀 있는 마음의 문을 통과하기 위해서였다.

　모든 것이 잘못되었을 때도 괜찮을 수 있는 그 선물을 받지 않고 마음의 문을 닫아 놓는 것은 보통 사람들이 가지고 있는 참 희한한 버릇이다. 우리가 마주 대하기조차 힘들 정도로 잔인한 감정들이 있는 마음 깊은 곳, 다시는 풀 수 없을 정도로 분노를 꽁꽁 묶어 놓은 마음 깊은 곳의 문을 우리는 닫아 놓는다. 하나님의 보이지 않는 손이 조용히 숫자 조합을 맞추고 문을 열고 들어오셔서 그리스도의 은혜로 그 고통과 지친 마음을 만져주실 때까지 그렇게 달아 놓는다. 보통 사람들은 살아남기 위해 노력해야 하는 사람들이다. 그리고 그들은 노력 가운데 그들을 단순히 살아남을 수 있도록 해 줄 뿐 아니라 노력의 선물을 기쁘게 받을 수 있도록 하는 하나님의 선물을 밀어낸다.

설교를 듣는 사람들

평범한 사람들이 교회에 왔지만, 처음에 나는 그들을 알아보지 못했다. 이제는 왜 그들을 알아보지 못했는지 안다. 나는 그들이 보통 사람들이 아니기를 바랐다. 나는 그들이 샘물을 찾는 사슴처럼, 내 설교를 찾아온 사람들이기를 바랐다. 나는 그들의 생각이 나의 훌륭한 생각들을 이해하기 위해 개조한 컴퓨터들처럼 계속 빠르게 돌아가길 바랐다. 나는 그들이 성령의 훌륭한 음악에 맞춰 조심스럽게 춤을 주는 영혼들이길 바랐다. 그들이 영적 운동선수이길 바랐고, 그들이 나의 예언적 말씀을 통해 세계에 대한 거룩한 부담을 가질 수 있는 강한 사람들이길 바랐다. 하지만 내가 그들에게 소중한 약속을 제시하고 하나님 말씀의 거룩한 명령을 강하게 선포하는 동안, 많은 사람들이 속으로 이렇게 기도하고 있었을 것이다. "하나님, 이번 주를 버티기 힘들 것 같아요. 도와주세요!" 왜냐하면 나의 설교 외에 그들에게 필요했던 것은 개인적인 수많은 문제의 벽이 그리스도의 비밀로 허물어지는 것이었기 때문이다.

그 이후로 나는 잘 살고 있는 것처럼 보이는 웃고 있는 그리스도인들 속에 보이는 평범함의 약한 모습들을 볼 수 있게 되었다. 가끔 다른 설교가들의 설교를 들으며 그들이 성도들에게 직장에서 각 지역 의회에서 "정의가 물처럼 흐르고, 공의가 거센 물살처럼 흐르도록 하자."고 말할 때, 또는 성령 안에서의 기쁨과 평화가 풍성한 삶을 약속할 때 주위를 둘러보게 된다. 등장인물, 즉 그 교회 시나리오의 인물들은 다음과 같다.

반듯하게 앉아서 농담 한마디 한마디에 웃음 짓고 있는 남녀, 정숙하고 정결하지만 지루한 권태기가 찾아와 결혼생활의 낭만을 사라지게 했다는 이유로 서로를 증오하고 있다.

하나님의 공급하심에 대한 모든 약속의 말씀마다 '아멘'으로 답하는 한 미망인은 인플레이션으로 인해 그동안 저축해 놓은 돈을 갉아먹고 있어 죽을 만큼 두려워하고 있다.

강한 부모상의 전형인 아버지는 자신이 아버지로서 실패했다는 생각에 분노하고 있다. 그는 살짝 머리가 이상해진 것 같은 아들의 격렬한 행동을 이해는커녕 참을 수 없기 때문이다.

맨 앞줄에 앉아 있는 아름답고 젊은 여성은 자신이 유방암에 걸렸다는 사실로 사지가 마비되는 것 같다.

얼마 전에 새 벤츠를 산 중년의 남성은 분명한 그리스도인의 훌륭한 성공 사례이다. 하지만 그는 지금 언제 상사에게 그만두겠다고 말해야 할지 고민하고 있다.

아주 순종적인 한 장로 부인은 그동안 숨겨 왔던 자신의 알코올 중독에 맞서야 한다는 압력에 시달리고 있다.

그들은 보통 사람들이고, 그들이 사는 곳에 더 많은 보통 사람들이 있다. 그들의 공통점은 자신들의 가장 중요한 부분들이 잘못되었다는 생각을 하고 있는 것이다. 그들에게 지금 절대적인 필요는 그래도 삶의 중심은 괜찮다는 것을 알 수 있는 기적 같은 믿음이다.
왜일까? 오히려 복음이 표면으로 흘려 보내지고, 그 감정 깊은 곳으로 복음이 들어가는 것이 왜 그렇게 어려운가? 우리는 왜 은혜의 선물이 필요한가?
우리에게 은혜의 선물이 필요한 이유는 진리를 이해하기 힘들어서가 아니라고 생각한다. 물론 비밀스러운 것은 사실이다. 그것만은 확실하다. 하지만 그리스도의 비밀은 엘리트 계층만이 풀 수 있는 비밀 코드가 아니다. 요점은 로터리클럽 농담만큼이나 단순하다. 누군가가 칼 바르트에게 그의 모든 신학 저서의 원천이 된 그 전설 같은 이야기가 사실이냐고 물은 적이 있다. 바르트는 놀리듯이, 하지만 진지하게 이렇게 대답했다. "결론은 '예수님은 나를 사랑하시고, 내가 그것을 안다.'는 것이다." 그 비밀은 결국 이렇게 간단한 것이다. 깊이가 있고, 심오하고, 놀랍지만 단순하다.

그 비밀은 하나님께서 세상과의 관계를 회복케 하신 예수님 안에 계셨다는 것이다. 이 땅에서 예수님께서 인간으로 사셨을 때, 다른 사람들을 위해 자신의 삶을 버리시고 사시는 동안, 죽고 다시 사는 가운데, 그의 목적은 우리의 삶의 중심을 바르게 만드는 것이었다. 그는 어떤 일이 있어도 우리를 만드시고 우리 손을 잡으신 하나님을 직면할 때, 우리를 사랑하시고 잘되기를 바라시는 하나님을 만나는 것이라는 사실을 우리가 꼭 알도록 하셨다.

그는 거룩하신 하나님과 우리 사이의 큰 공백 위에 다리를 놓으셨다. 그가 놓은 다리는 당신이 못 박혀 죽으신 십자가였다. 그리스도의 십자가 이후 하나님과 세상 사이의 관계가 회복되었고, 우리가 속한 이 세상을 더 아름답고 정의롭고 영광스러운 곳으로 만드는 데 힘을 쏟으시는 하나님과 우리는 다시 친구가 될 수 있었다. 하나님의 선하신 뜻이라는 실 하나에 우리의 삶이 달려 있는 한 모든 것은 괜찮다. 그리고 앞으로도 괜찮을 것이다.

그 무엇도, 세상에 있는 그 어떤 것도, 하늘에 있는 그 어떤 것도, 앞에 있는 어떤 것도, 뒤에 있는 그 무엇도, 우리가 무엇을 하고 남들이 우리에게 무엇을 해 주든 간에 이 사실을 바꿀 수는 없다. 하나님은 당신을 사랑하시고 영원히 당신이 잘 되기를 바라신다.

화려한 핑계들

보통 사람들은 왜 이 강력한 위안과 달콤한 현실을 받아들이지 않는 것일까? 수많은 화려한 핑계들이 있다. 스스로에게 한동안 잔소리를 하다 보면, 마음이 아파도 몇 가지는 인정하게 된다. 내가 마음 문을 열지 않는 두 가지 이유를 공개하겠다. 당신의 이유와 같은지 확인해 보기 바란다.

첫째, 우리는 삶이 복잡해 질 것을 두려워해 하나님과의 관계를 회복하려 하지 않는다. 그 어떤 상황에도 불구하고 삶이 좋다고 믿기 시작하면 항상 변화가 생기고 우리는 그 변화를 두려워한다. 예를 들어, 우리가 용서를 받아들이기 싫어하는 이유는 우리가 용서를 받았다고 느끼면 우리에게 잘못을 한 형편없는 사람들에 대해 그동안 쌓아왔던 가장 큰 분노를 버려야 하기 때문이다. 우리가 사랑 받는다고 느끼길 원하지 않는 이유는 만약 그 사랑을 받아들이면 그동안 멀리하고 싶었던 사람들에게 나의 삶을 공개해야 할지도 모르기 때문이다. 우리가 삶이 괜찮다는 사실을 발견하는 기쁨을 누리고 싶어 하지 않는 이유는 삶에 대해 불평불만하는 기쁨을 포기해야 할지도 모르기 때문이다. 그리고 그 희생을 하기에는 지금 너무 힘이 들기 때문이다. 하나님께서 이 세상을 정의와 사랑이 넘치는 멋진 곳으로 바꿔 주실 것이라는 희망을 가지고 살고 싶어 하지 않는 이유는, 새로운 창조에 대한 희망을 갖는다면 이 세상을 지금보다 더 나은 곳으로 만들기 위한 준비를 해야 한다는 부담을 느낄지 모르기 때문이다. 키르케고르의 말이 옳았다. 우리가 마음 문을 닫는 이유는 우리가 삶의 그 비참한 개집에서 살길 원하기 때문이다.

둘째, 보통 사람들이 마음의 문을 닫아 놓는 이유는 문을 열기에는 너무 지쳤기 때문이다. 단지 보통 사람들이 대단히 악해서 그들의 삶에서 은혜의 빛을 차단하는 것만은 아니다. 때로 그들은 너무 지쳐 있다. 자기연민에 에너지를 소진한다. 너무 상처를 많이 받아 더 이상 영적인 힘이 남아 있지 않다. 공허감에 빠져 있는 듯한 느낌이 들고 삶이 괜찮다는 그 어떤 느낌도 받을 수 없는 빈 구덩이로 빨려 들어간 것만 같다. 자신을 위한 은혜를 받아들일 힘을 찾지 못한다면, 다른 사람을 위해서는 더더욱 느낄 수가 없다. 우리가 악해서가 아니라 지쳐 있기 때문이다.

너무 지쳐 하나님의 은혜를 받아들이지 못한다는 생각을 할 때면 우리 가족이 캘리포니아 집에서 보낸 첫 2주 동안의 시간이 떠오른다. 아내와 나와 어린 세 자녀는 미시간에서 캘리포니아로 이사를 했다. 처음 며칠 동안 우리는 겨우 아이들을 각각 다른 학교에 전학시켰다. 나는 한번도 가르친 적이 없는 과목을 풀러신학교에서 가르치지 시작했고, 수업은 매주 4일씩, 아침 8시에 125명의 학생을 대상으로 했다. 그때까지는 좋았다. 1주일 후에 우리는 시티오브호프 병원의 혈액학자로부터, 이제 막 다섯 살이 된 막내아들이 고셰병에 걸렸다는 소식을 듣게 되었다. 이는 예후가 불명확한 선천적 희귀 혈액질환이다. 그 일주일 후, 우리가 캘리포니아로 이사한지 2주 만에, 아내 도리스가 유방암에 걸렸고 유방절제술을 받아야 한다는 사실을 알게 되었다. 천국 같은 남가주에서 시작한 새로운 생활의 첫 2주 동안 벌어진 일들이었다.

어느 날 밤, 병원에 있는 도리스를 만나고 집에 돌아와 그 다음날 아침 강의를 준비할 힘조차 남아 있지 않았던 때가 기억난다. 나는 침대에 쓰러져서 주간지인 《라이프》지를 집어 들었다. 페이지를 천천히 넘겨 보다가 나이지리아 내전에 대한 기사를 보게 되었다. 굶주린 비아프란 아이들, 살과 뼈, 부풀어 오른 배, 공에 이쑤시개가 꽂혀 있는 것 같은 무릎과 얇은 다리 사진들이 실려 있었다. 그 당시 모든 언론기관들은 이 사진을 그런 사진에 대해서는 더 이상 충격도 받지 않는 대중에게 끊임없이 보여 주고 있었다. 하지만 나는 그 잡지를 덮어버렸다. 그리고 바닥에 내던졌다. 더 이상 보고 있을 수가 없었다. "굶주리는 아이들아 미안하다. 하지만 나는 지금 너무 지쳤다. 오늘은 나 자신을 동정하는 것에 모든 힘을 쏟을 수밖에 없다. 너희들을 위한 연민을 느낄 힘이 없어." 그날 밤 그 비아프란 아이들을 향한 관계를 회복하시는 그리스도의 사랑을 느낄 수 있도록 내 마음을 열기 위해서는 분명 기적이 필요했을 것이라고 나는 아직도 굳게 믿는다. 그리고 또한 그날 밤 모든 것이, 정말 모든 것이 잘못된 것처럼 느껴질 때, 마음 깊은 곳에서 진실로, 기꺼이 모든 것이 괜찮다고 느끼기 위해서도 기적이 필요했을 것이다. 내 힘만으로 그렇게 느끼기에는 너무 지쳐 있었다.

보통 사람들은 많이 지친다. 그들은 교회에 와서 삶의 중심에서 모든 것을 고쳐 놓으신 하나님의 은혜에 대한 말씀을 듣는다. 하지만 그들은 자기연민으로 말할 힘을 잃고, 분노에 속박되고 자신의 상처로 온몸이 마비되어 예수님에 대한 현실과 그의 은혜의 진리에 대해 마음을 열 조금의 힘조차 찾지 못한다. 하나님이 그 문을 여셔야 한다.

놀라운 것은 하나님이 가끔 그 선물을 우리에게 주신다는 것이다. 그리고 가끔 우리도 그 선물을 받아들인다.

가끔 사람들은 모든 것이 잘못되었다고 확신하고, 그것을 옳게 바꾸는 것에 지쳐 버린다. 그때 하나님께서는 조용히 다가오셔서 당신이 그들과 함께, 그들을 위해, 그들 아래에, 그들 안에 그리고 그들에 앞서 계신다는 것을 말씀해 주신다. 그리고 이 강한 사랑의 방패막으로 그들은 괜찮아질 것이다.

사람들은 때로 분노에 사로잡혀 감정을 억누르고, 기쁨을 억누르고, 모든 친밀한 관계를 끊어버리기도 한다. 그때 하나님이 다가오셔서 그 분노의 고리를 끊고 그 평범한 사람이 다시 사랑을 시작할 수 있도록 풀어 주신다.

때로 사람들은 자신의 죽음에 대한 조용한 공포에 떨며 살아간다. 그때 하나님께서는 오늘 살아 있음에 기뻐할 수 있는 이유를 보여 주신다.

사람들은 때로 예전에 저지른 실수에 대한 우울한 기억에 대해 곰곰이 생각하고 그 사실을 잊지도 자신을 용서하지도 못하곤 한다. 그때 하나님께서는 그들의 마음을 여시고 다른 보통 사람들의 용서의 선물을 받아들이고 자신도 용서할 수 있도록 해 주신다.

보통 사람들은 때로 미라처럼 자신을 자기증오의 천으로 싸매곤 한다. 그러면 하나님께서는 그들이 놀라운 자신의 가치를 볼 수 있도록 눈을 뜨게 하신다.

모든 보통 사람들은 그들 주변의 것들이 견딜 수 없는 모습을 하고 있다고 느끼는 경향이 있다. 그리고 실제로 그런 경우도 종종 있다. 삶은 비참하고, 끔찍하고, 참을 수 없는 함정일 수도 있다. 하지만 은혜의 비밀은 가장자리 모든 것들이 잘못되었을 때에도 중심은 괜찮을 수 있다는 것이다. 우리의 삶의 창조자이자 구원자이신 하나님을 향해 열려 있는 그 중심에서 하나님은 우리를 안아 주시고, 인도하시고, 사랑해 주셔서 우리는 하나님의 모든 자녀들을 위해 준비해 놓으신 그 미래에서 벗어날 수 없게 묶이게 된다. 우리가 은혜를 조작할 수는 없다. 여기쯤에서 은혜가 놀랍게도 공짜라는 사실을 당신이 꼭 이해했기를 바란다. 그는 은혜를 우리에게 선물로 주신다. 우리가 요구할 수 없다.

나는 조지 스토브의 보통 사람들에 대한 이야기가 나에게 얼마나 필요한 말인지 깨닫는 데 너무 오랜 시간이 걸렸다. 훨씬 일찍 이해했어야 했다. 결국 나도 그들 중 하나였다. 하지만 이제는 상관없다. 중요한 것은 그 놀라운 선물이 보통 사람들에게 주어진다는 것이다. 열린 문의 선물이다. 분노하고 상처 받고 지친 마음의 녹슨 문, 우리를 진리로 다시 이끄는 은혜를 향해 열려 있는 문. 그 진리는 마음 깊은 곳에서, 보통 사람들과 하나님 사이에서는 모든 것이 괜찮고 앞으로도 그럴 것이라고 느끼는 것이다.

9장

천사들을 보면
왜 믿음을 갖게 되었는지 알게 될 것이다

_ 믿음의 선물

> 또 이르시되 진실로 진실로 너희에게 이르노니
> 하늘이 열리고 하나님의 사자들이 인자 위에
> 오르락 내리락 하는 것을 보리라 하시니라 (요 1:51).

이제 당신이 스스로에게 믿음에 대한 가장 어려운 질문을 하길 원한다. 그 질문은 바로 이것이다. 왜 믿는가? 당신은 왜 눈에 보이지 않는 하나님을 믿는가? 여러 가지 의구심과 고통에도 불구하고 왜 계속 하나님께로 돌아올 수밖에 없는가? 지금 살고 있는 이 땅의 것들이 이렇게 끔찍한데 하늘에는 좋으신 하나님이 계시다는 사실이 정말 말이 되는지 당신도 분명 의문을 제기한 적이 있을 것이다. 우리 모두 안에는 고집 센 무신론자가 있다고 나는 생각한다. 우리는 예수님께 아들을 치유해 달라고 부탁했던 그 아버지와 같이 이렇게 말해야 한다. "주님 내가 믿나이다. 나의 믿음 없음을 도와주소서." 우리는 너무 모든 것이 잘못되어 있어서 하나님이 죽었음을 증명하는 많은 증거들에도 불구하고 하나님을 믿는 때가 있다. 그렇다면 그렇게 끊임없이 우리가 다시 믿음으로 돌아오도록 하는 것은 무엇인가? 우리가 믿는 진짜 이유는 무엇인가?

두 가지 대화

신약에는 예수님과 곧 제자가 될 회의론자인 나다나엘이 믿음의 이유에 대해 이야기하는 장면이 나온다(요 1:43-51). 예수님께서 나다나엘에게 하시는 말씀은 우리에게 다시 맨 처음으로, 믿음의 기본으로 그리고 하나님을 진짜 믿는 이유로 돌아가게 한다. 하나님을 믿는 가장 큰 이유는 다름이 아닌 하나님의 은혜를 경험했기 때문이다. 이제 비밀은 없다. 하지만 나와 함께 예수님께서 어떻게 그 새로운 제자를 이해 시키셨는지 살펴보자.

두 가지의 대화가 있다. 첫 번째 대화는 빌립과 나다나엘의 대화이다. 이 대화에서는 믿지 않는 것에 대한 나다나엘의 잘못된 이유를 볼 수 있다. 두 번째 대화는 예수님과 나다나엘 사이의 대화이다. 이 대화를 통해 우리는 나다나엘이 하나님을 믿는 어리석은 이유를 볼 수 있다. 그러나 예수님은 그가 어리석든지 명확하든지에 관계없이 기꺼이 그를 받아들이신다. 하지만 후에 나다나엘이 믿음에 대한 더 나은 이유를 발견하게 될 것이라는 것을 예수님은 아신다. 그럼 그 장면을 천천히 다시 살펴보자.

장면 1: 빌립과 나다나엘

빌립은 예수님을 만났다. 정말 멋진 만남이었다! 단순히 줄 서서 예수님과 악수만 한 만남을 말하는 것이 아니다. "만나서 반갑습니다. 이름이 뭐죠?" 빌립은 깊은 대화를 나누었다. 그는 예수님의 신비함과 권위에 사로잡혔고 그 후로 모든 것이 변하기 시작했다. 그는 하나님이 "나를 따르라!"고 하신 명령에서 하나님의 권위를 느꼈다. 그는 그 자리에서 이스라엘 전부가 기다리던 그분을 만났다는 사실을 깨달았다. 물론 이해할 수 있는 부분은 거의 없었을 것이다. 하지만 이해할 필요가 없었다. 그는 그 진리를 믿었고 그의 믿음을 통해 모든 익숙한 것들을 버리고 전혀 새로운 세계를 예수 그리스도와 함께 걸어갈 준비가 되었다.

삶이 바꾸는 큰 일을 겪은 사람이라면 누구나 그렇듯이, 빌립도 누군가에게 이 사실을 꼭 전하고 싶었다. 그래서 그는 나다나엘에게 달려갔다. "이봐, 나다나엘, 내 이야기 좀 들어봐. 우리는 그분을 만났어. 우리는 그분을 보았어. 우리는 그분이 누구인 줄 알아. 그동안 우리를 구원하러 오시길 기다렸던 바로 그분이야. 그의 이름은 예수야. 그는 나사렛에서 오셨어."

나다나엘은 아마도 빌립이 세뇌를 당했거나 농담을 하고 있을 것이라 생각했을 것이다. "어 그래, 네가 메시아를 만났다고. 머리에 안테나가 달린 초록색 난쟁이였겠지. 나사렛에서? 빌립, 유대인들은 메시아에 대해 농담하지 않아. 나사렛에서 왔을 리가. 나사렛에서는 좋은 것이 나올 수 없다고."

나다나엘은 회의론자였다. 나도 그의 의심에 공감할 수 있을 것 같다. 아직 예수님을 만나지도, 그의 목소리를 듣거나 그를 만져보지도 못하지 않았는가. 그는 친구를 통해 간접적으로 이야기를 들었을 뿐이다. 그리고 그가 들은 이야기는 유대인이라면 누구나 가지고 있던 메시아에 대한 기대에 전혀 부합하지 않는 것이었다.

어떤 사람이 당신에게 다가와 이 세상 모든 문제의 해답을 줄 수 있는 젊은 사람을 만났다고 이야기하는 장면을 생각해 보자. 그가 국제 분쟁, 금융 불안, 세계 기아, 에너지 부족, 그리고 지구 온난화까지 모든 문제의 해답을 가지고 있다고 한다. 티화나에서 막 온 사람인데, 지금은 복지시설에 있고 아직 영어는 잘 못하지만 이 세상의 중심인물이라고 한다. 조금이라도 이렇게 말하고 싶지 않겠는가? "티화나에서 무슨 좋은 것이 나올 수 있겠어?" 우리는 나다나엘의 의구심을 이해할 수 있다.

라스베이거스 도박꾼들도 나사렛에는 만 분의 일의 확률도 안 둘 것이다. 이 사실은 우리에게 놀라울 것도 없다. 성경에서는 예수 그리스도가 보통 사람들이 기대하는 모습일 것이라 이야기하지 않는다. 메시아의 모습에 대해 보통 사람들이 가지고 있는 개념을 모두 뒤엎어 놓았다. 일단 일이 이루어지면 일반적으로 그것에 대해 더 이상 공상하지 않는다. 만약 《뉴욕타임스》지가 그 소식을 들었다 해도 신문에 실을 만한 내용이 아니라고 생각했을 것이다. 너무 이상한 사건인데다, 그 자료도 의심스럽기 때문이다. 보통의 중산층 사람으로 로마제국에서 가장 천한 아무것도 아닌 마을에서 태어난 사람이 메시아라 주장한다. 당연히 그 이야기는 사실 같지 않다.

예수님에 관한 모든 것도 사실 같지 않았다. 나사렛에서 태어난 목수의 아들이 자라서 전 인류에게 새 희망을 줄 수 있을 것이라고 아무도 기대하지 않는다. 그가 십자가에서 죽음으로 우리를 모두 하나님의 자녀로 만들 것이라고 기대하지 않는다. 이제 와서 이야기지만, 나는 나다나엘이 가지고 있던 의문들이 충분히 그럴 만하다고 생각한다. 결국에는 연관이 없는 것이지만, 그 상황에서만은 충분히 그럴 만했다.

빌립도 나다나엘의 말이 일리가 있다고 생각한 것 같다. 그래서 그는 나다나엘과 논쟁하지 않는다. 그는 나사렛을 옹호하지 않는다. "나사렛은 훌륭하고 종교적인 작은 마을이다."라거나 그 어떤 말도 하지 않는다. 대신 그는 회의론자들에게 믿는 사람들이 줄 수 있는 유일한 현실적인 답을 제시한다. "직접 와서 봐. 내가 본 것을 보여 줄게. 직접 시도해 보고 스스로 결정해." 이것이 복음의 최후 변론이다. 모든 사람을 증인이 되게 하고 모든 회의론자들을 누그러뜨릴 수 있다. "나는 그의 임재에서 무엇을 느꼈고, 당신도 와서 직접 볼 수 있기를 바란다."

그래서 빌립은 나다나엘을 예수님께로 데려간다. 그리고 두 번째 대화가 시작된다.

장면 2: 예수님과 나다나엘

예수님은 나다나엘이 다가오는 것을 바라보다 그를 칭찬으로 맞이한다. "보라 참 이스라엘 사람이 온다." 고대 유대인에게는 이것이 최고의 칭찬이었다. 이 칭찬은 다음과 같은 의미를 내포하고 있다. "당신은 진실한 유대인이고, 교활하지 않고, 가짜가 아니며, 뼛속까지 이스라엘 사람이다."

나다나엘은 여전히 의구심이 생긴다. 그 정도 아부로는 자신에게 아무것도 팔 수 없다. 그래서 그는 이렇게 말한다. "내가 어떤 사람인지 당신이 어떻게 아십니까? 절 모르시잖아요." 정당한 의문이다!

예수님은 그의 의구심의 정곡을 찌르신다. "나는 너를 안다, 나다나엘, 너를 꽤 잘 안다. 네가 오기 전부터 너를 알고 있었다. 빌립이 너에게 가기 전부터 알고 있었다. 나는 너의 진정한 모습을 안다."

나다나엘은 놀랐다. 그의 의구심은 눈이 녹듯 녹아내린다. 그것으로 되었다. 이것은 기적이다. "나는 믿는다."그는 소리쳤다. "나는 믿습니다! 당신이 하나님의 아들이십니다. 이 정도 기적이면 충분합니다."

참 빠른 변화다. 나다나엘의 의혹은 하나님의 초능력 한방으로 사라졌다. 잠 못 자고 고민할 필요가 없었다. 예루살렘에 있는 신학자들과 상담해 볼 필요도 없었다. 나사렛에서 온 그 사람에 대해서 FBI가 뒷조사 하지 않아도 된다. 전혀 고민하지 않는다. 순간의 변화이다. 회의론자에서 믿는 자로 10초 안에. 기적 하나에 나다나엘은 믿음의 이유를 발견했다.

나다나엘에게 일어났던 일은 우리 모두에게도 일어난다고 생각한다. 우리가 어떤 일을 할 때, 그 당시에는 이유가 분명하다고 생각하고 시작하지만, 후에 그 일을 한 진짜 이유는 생각한 것보다 훨씬 심오했다는 것을 꼭 깨닫는다. 아내에게 화를 냈다. 정말 볼 만 했다! 종이 몇 장을 제자리에 두지 않아서 화를 냈던 것 같다. 하룻밤 자고 일어나서 조금 생각해 보니 그동안 상사한테 느꼈던 분노를 쌓아 두었다가 아내에게 터뜨린 것뿐이었다! "아! 이제 그렇게 어리석은 짓을 한 진짜 이유를 알겠다." 우리 모두는 한번쯤 스스로에게 이런 말을 하곤 한다. 자라면서 우리가 하는 고민의 반 이상은 우리가 하는 일에 대한 진짜 이유(그리고 많은 경우 숨은 이유)를 인정하는 것이다. 영적 성장에 있어도 마찬가지이다. 가장 기본적인 것, 예를 들어 그리스도인이 되는 것에 대한 진짜 이유를 발견하는 데는 시간과 성숙이 필요하다. 우리의 마음에는 처음부터 머리로 이해하기엔 피상적인 이유들이 있다.

예수님은 나다나엘의 이런 모습을 이해하셨다. 그분은, 훗날 경험을 계속 쌓아가다 보면 너는 나를 믿는 진짜 이유를 알게 될 것이라고 말씀하셨다. "너에게는 이유가 있다. 그 이유는 네가 봤다고 생각하는 바로 이 기적이다. 하지만 그보다 더 심오한 것이 있다. 그리고 앞으로 이렇게 그것이 너에게 다가갈 것이다. 하늘 문이 열리고 이 땅에 천사들이 내려오고 하늘로 올라가는 광경을 보게 될 것이다. 그 천사들을 볼 때 너는 네가 믿는 진짜 이유를 알게 될 것이다."

이제 떠오르겠지만, 예수님께서는 야곱과 야곱의 유명한 사다리를 암시하시는 것이다. 그 이야기를 기억하는가? 야곱은 형을 속여 유산을 빼앗고 사막을 지나 열심히 도망을 가고 있었다. 하지만 형에게서 도망치는 동안 하나님께 잡혔다. 야곱은 벧엘이라 불리는 사막의 물구덩이에서 하나님의 은혜를 체험했고, 그를 통해 새로운 사람이 되었다. 그리고 그때 그는 꿈을 꾸었다. 하늘과 땅 사이에 세워진 사다리를 보았다. 천사들이 사다리를 타고 올라가고 다시 땅으로 내려오는 모습을 말이다. 그것은 꿈일 뿐이었기 때문에, 정말 하늘이 '위'에 있는지 또 천사가 왜 사다리가 필요한지에 대해 고민할 필요가 없었다. 그 사다리는 야곱이 하나님과 올바른 관계를 맺을 수 있었던 유일한 이유가 하나님께서 야곱을 만나기 위해 이 땅으로 내려오셨기 때문이라는 상징이다. 그래서 예수님은 나다나엘에게 야곱과 같은 경험, 하나님의 은혜에 정복되는 경험을 하고 나면 하나님을 믿는 진짜 이유를 알 수 있을 것이라 말씀하신다.

다시 요점으로 돌아가자. 요점은 하나님을 믿는 데는 여러 가지 이유가 있지만 진짜 이유는 단 하나라는 것이다. 머리로는 여러 가지 이유를 들 수 있지만 진짜 이유는 가슴에 있다는 것이다. 믿는 사람들에게 설문 조사를 해 보라. 그들이 왜 하나님을 믿는지 물어보라. 믿는 사람들의 숫자만큼이나 많은 답을 듣게 될 것이다. 하지만 결국 근본적으로 그들에게는 한가지 공통적인 이유가 있다.

내가 믿는 이유를 몇 가지 나눠보고자 한다. 모든 이유가 진실하다고 생각한다. 물론 그 어느 하나도 충분하지 않다는 것도 알고 있다.

나의 가족

나는 믿는 가정에서 자랐기 때문에 하나님을 믿는다. 솔직히 인정한다. 중국 깊은 곳의 만주족 가정에서 태어났다면 지금쯤 내가 어떤 모습을 하고 있을지 알 수 없다. 하지만 나는 오트밀을 먹으라는 이야기를 듣기 시작할 때부터, 그렇게 일찍 하나님을 믿게 되었다. 우리는 참 많이 믿었다. 가진 것이 믿음밖에 없었기 때문이다. 다른 아이들은 이렇게 찬양했다. "날 사랑하심, 성경에 써 있네." 나는 이렇게 찬양했을지 모른다. "날 사랑하심, 엄마가 말했네." 나만 그런 것은 아니다.

한 기자가 위대한 신학자 칼 바르트에게 이렇게 질문했다. "선생님, 그동안 하나님에 대한 위대한 책을 많이 쓰셨습니다. 그 모든 것이 사실이라고 어떻게 확신하시죠?" 그 독일 학자는 눈에 웃음을 띠고 이렇게 대답했다고 한다. "어머님이 그렇게 말씀해 주셨습니다."

가정은 하나님의 최우선 선교지이다. 하나님과 인류와의 사랑은 가정사이다. 우리가 하나님을 믿게 되는 많은 경우는 부모님께서 우리에게 처음 하나님의 사랑에 대해 이야기해 주었고, 또 우리 앞에서 그 사랑을 실천했기 때문이다.

하지만 항상 그런 것은 아니다. 가족 때문에 믿지 않는 사람들도 있다. 하늘 아버지가 자신들을 사랑하는 사실을 더 이상 믿지 않는다. 세상 아버지가 그들을 사랑하지 않았기 때문이다. 그리고 많은 사람들은 부모님이 믿지 않음에도 불구하고 그리스도인이 된다. 가족이 도움이 될지는 모르지만 우리가 하나님을 믿는 진짜 이유는 될 수 없다.

교회

내가 하나님을 믿는 이유는 교회가 나를 돌보아 주고, 때로는 하나님에 대한 경외를 내 안에 심어주었기 때문이다. 나의 믿음은 그리스도의 몸을 통해 잉태되었다. "교회가 아니었다면 나는 절대 하나님을 믿지 않았을 것이다."라는 성 아우구스티누스의 말이 좀 과장일지는 모른다. 하지만 결국 예수님의 메시지를 세대를 넘어 전파시킨 것은 교회이다. 교회가 말씀 번역과 선교사 모집, 그리고 새로운 세대에 복음을 전파하는 역할을 했다. 교회가 세상의 도구라는 것은 안다. 그리고 때로는 서투른 교회가 생존할 수 있도록 해준 개념이라면 분명 진리일 수밖에 없다는 이유 하나만으로 진리처럼 보인다는 것도 알고 있다. 하지만 인류 전체에게 교회는 여전히 모든 고대와 현대 마을의 길과 골목을 걷는 예수님의 방법이다. 사람들이 예수님을 믿을 때 교회는 조력자로서 그 공로를 인정받는다.

하지만 이것이 진짜 이유는 아니다. 교회는 사실, 믿음에 있어 가장 심각한 장애물이기도 하다. 어떤 사람들은 성 아우구스티누스와 정 반대의 감정을 갖는다. "교회가 아니었다면 하나님을 믿었을 것이다." 불완전한 교회의 어둡고 죄 많은 면을 보고 충격을 받고, 사람들은 믿는 사람들 대신 냉소적인 사람이 된다. 교회는 믿음의 진짜 이유가 될 수 없다. 그보다 더 심오한 것이 분명 있을 것이다.

근거

하나님의 존재와 예수님이 누구인지를 증명할 수 있는 그 모든 근거가 있다. 어쩌면 당신도 그 근거들을 모두 들어보았을지도 모른다. 나는 그 모든 근거를 들어본 것 같다. 솔직히 그 근거들 중 몇몇은 세상의 논리적인 반박에 맞서지 못한다. 하지만 대부분의 근거들은 나에게 큰 도움이 되었다. 그 중에는 정말 설득력이 있는 것들도 있다. 나는 예수님께서 정말 부활하셨다는 논리적인 근거에 큰 도움을 받았다. 좋은 근거는 우리의 믿음에 큰 도움이 될 수 있고 그렇지 않은 것도 그를 통해 확신을 얻는 사람들에게는 큰 도움이 된다.

하지만 그것도 진짜 이유가 될 수 없다. 적어도 나에게는 그렇다. 만일 나의 믿음을 증명할 수 있는 것을 내 능력에 의존한다면 나는 분명 더 똑똑하고 젊은 철학자들이 하나님을 믿는 것에 반박하는 더 훌륭한 근거를 생각해 내지 않는지 항상 궁금해 할 것이다. 게다가 해답을 찾지 못하는 문제가 여전히 많을 것이다. 나는 왜 어떤 사람들이 그렇게 많은 고통을 겪어야 하는지에 대한 설득력 있는 해답을 줄 수 없다. 약간의 고통은 이해할 수 있지만, 왜 순진한 아이들이 큰 고통을 겪어야 하는지 이해할 수 없을 때가 있다. 나는 내 근거에 믿음을 의존할 수 없다. 그렇게 나의 머리로 생각해서 해답을 찾는 내 능력에 의존할 수 없다. 하나님을 믿는 진짜 이유는 내 삶의 다른 부분에서 나와야만 한다.

성경

"성경, 그래 그거면 충분해. 하나님, 하나님의 말씀, 성경에 비길 것이 없다." 우리는 어릴 적 주일학교에서 이 찬양을 불렀다. 마치 인식론적 전제인 것처럼. 그 책뿐이다. 그 책이면 충분하다. 그 책은 예수님에 대해 이야기해 준다. 그 책은 은혜에 대해 가르쳐 준다. 그 책은 우리에게 무엇을 믿어야 할지 알려 준다. 그리스도인의 믿음은 이 책의 상속자이고, 그 책을 먹고 성장하고, 이 책에서 배운다. 말씀을 계속 듣는 사람들만이 믿음을 지킬 수 있다. 말씀에서 멀어지는 교회는, 믿음에 있어서는 실패자가 될 것이다. 성경은 예수 그리스도에 대한 믿음의 진짜 이유이다.

하지만 이것이 진짜 이유는 아니다. 필요조건은 되나, 충분조건은 아니다. 내가 성경을 먼저 믿었기 때문에 예수님을 믿은 것이 아니다. 예수님을 먼저 믿었기 때문에 성경을 믿은 것이다. 나는 말씀 속에서 예수님을 만났고, 그래서 예수님 안의 하나님의 사랑에 대해 이야기해 주는 그 책은 사실일 것이라는 것을 알았다. 예수님은 성경을 믿는 진짜 이유이다. 그 반대가 아니다.

진짜 이유

내가 무엇을 빼먹었나? 가족도 아니고 교회도 아니고 내 주장도 아니고 성경도 아니라면 믿음의 진짜 이유는 무엇인가? 나는 왜 믿는가?

다시 본문으로 돌아가 보자. 예수님은 나다나엘에게 말씀하셨다. "하늘이 열리고 하나님의 사자들이 인자 위에 오르락내리락 하는 것을 보리라, 그리고 그들을 볼 때 너는 나를 믿는 진정한 이유를 알게 될 것이다."

다시 한 번, 그 천사는 야곱에의 회상이다. 야곱은 나이아가라 폭포처럼 많은 책략들을 생각해 내는 뒤틀린 책략가이다. 형의 상속을 '교묘한 팔놀림'으로 속여 빼앗은 사람이다. 이제 그는 형에게서 도망치고 있었다. 하나님께로부터 도망치고 있었다. 인정 많으신 하나님에게서 도망치는 도망자, 야곱은 피할 길이 없었다. 하나님께서는 그를 잡을 마음이 있으셨기 때문이다. 그는 도망쳤다. 하지만 하나님은 그를 이기셨고 그를 뛰어 넘으셨다. 그리고 결국 그를 잡으셨다. 그가 하나님께 잡혔을 때 야곱은 자신이 은혜로 정복

되었다는 사실을 깨달았다.

    가난하고 슬픈 기독교 시인 프랜시스 톰슨은 「천국의 사냥개」를 통해 자신이 은혜로부터 도망친 이야기를 쓸 때, 분명 자신뿐 아니라 야곱을 염두에 두었을 것이다.

> 나는 도망쳤다, 밤으로 낮으로 따라오는 그에게서
>
> 나는 도망쳤다, 긴 세월 따라오는 그에게서
>
> 나는 도망쳤다, 마음이라는 미궁 같은 길을 따라 그에게서,
>
> 그리고 눈물을 흘리며 나는 숨었다
>
> 나를 따라오는 그 강한 발걸음으로부터
>
> 그러나 서두르지 않고
>
> 흐트러짐 없는 간격으로
>
> 신중한 속도로, 매우 절박하게,
>
> 발걸음은 소리를 냈다 그리고 음성은
>
> 발걸음보다 더 절박했다
>
> 그 음성은 터지는 바다처럼 나를 둘러싼다
>
> 모든 것이 네게 등 돌리고, 너는 내게 등 돌리는구나

비천한 너를 사랑해 줄 자 누가 있겠는가,

내가 아니면, 오직 내가 아니면

아, 제일 사랑하는, 제일 눈멀고, 제일 약한 자여,

내가 네가 찾는 그니라.

이것이 야곱이 발견한 것이다. 그는 사랑의 원천으로부터, 은혜로부터 도망가고 있었다. 하지만 그는 벗어날 수 없었다. 하나님은 사랑에 완고하셨고, 은혜에 끈질기셨다. 그리고 그가 잡혔을 때 그는 자신을 쫓던 사람이 적이 아닌 가장 친한 친구라는 사실을 깨달았다.

이것이 야곱의 꿈이 의미하는 것이다. 그의 사다리는 천국이 이 땅에 오고 땅에서도 천국에 닿을 수 있다고 말하고 있었다. 천사들이 사다리를 타고 내려오는 것은 하나님이 가엾은 이 세상과 죄 많은 사람을 향해 손을 내민다는 뜻이었다. 천국의 축복은 이 땅으로 내려오고 있었고, 이 땅의 슬픔은 다시 하늘로 올려질 수 있었다. 천국과 땅 사이의 경계가 열린 것이다. 천사의 모습은 인간의 삶 가운데로 들어온 하나님의 은혜의 모습이다.

예수님은 나다나엘에게 그도 야곱처럼 천사들을 볼 것이라 말씀하셨다. 하지만 성경에는 나다나엘을 포함한 제자들이 정말 말 그대로 천사를, 그것도 사다리를 타고 내려오는 천사를 보았다는 기록은 전혀 없다. 예수님은 육안으로 보는 것을 말씀하신 것이 아니다. 예수님의 말씀은 나다나엘이 그의 믿음의 진짜 이유가 야곱의 이유와 같은 것이라는 뜻을 전하신 것이다. 자신을 쫓는 하나님과의 경험, 즉 사람을 사랑으로 먹이실 때까지, 은혜로 붙잡으실 때까지 쫓으시는 사냥꾼 하나님과의 경험말이다.

그래서 여전히 우리 믿음의 가장 심오한 이유는 야곱의 사다리를 보았기 때문이다. 고대 사막의 벧엘이나 유다에서가 아닌, 로스앤젤레스, 시카고, 모스크바, 또는 수 센터에서 보는 것이다.

다시 프랜시스 톰슨의 「낯설지 않은 땅에서」라는 시로 돌아가 보자. 가난한 시인이었기 때문에 그는 템즈 강가에서 하늘을 이불삼아 잠을 잤다. 그는 차링 크로스에서 쇼핑을 하는 사람들의 말을 잡아줌으로써 생계를 꾸려갔다. 위대한 시인에게 참 가혹한 운명이었다! 하지만 그는 자신과 같이 삶의 불공평함에 상처 받고 고통에 슬퍼하고 삶의 가혹한 부정에 고민하는 사람들을 위한 시를 썼다.

하지만 너무 슬퍼 더 이상 슬퍼질 수 없을 때

울어라 그러면 그 아픔 위에

야곱의 사다리의 천국의 사자들이 비출 것이다

하늘과 차링 크로스 사이에 세워져 있는 그 사다리.

그리고 주님이 물 위를 걸으신다

게네사렛 호수가 아닌 템즈 강 위를.

예수님께서 나다나엘에게 보여 주시는 메시지를 느낄 수 있는가? 그리고 우리에게 주시는 메시지를? 우리가 계속 믿는 진짜 이유는, 우리의 슬픔 가운데서도, 그리고 우리의 의문들에도 불구하고, '천국과 우리의 아픔이 있는 곳 사이에 세워져 있는 야곱의 사다리 위의 천사들을' 우리가 보았기 때문이다. 우리는 도망가고 싶을 때 우리를 잡는 하나님의 은혜를 알고 있기 때문이다.

이 문제의 결론은 이것이다. 나는 야곱의 사다리의 천사들을 보았다. 그래서 하나님을 믿는다. 내가 믿는 가정에서 자라나서 믿음을 가진 것이 아니다. 교회가 나를 빨리 잡아서 믿은 것도 아니다. 성경이 진실이라고 먼저 설득 당했기 때문에 믿는 것도 아니다. 그리고 내가 혼자서 생각하고 논리적으로 이해했기 때문에 믿는 것이 아니다.

내가 믿는 것은 하나님의 은혜가 나를 사로잡았기 때문이고 아직도 나의 삶의 가장 깊은 곳에서 나를 사로잡고 놓아주지 않기 때문이다. 그는 계속 나를 쫓아오신다. 그리고 내가 그에게서 가장 떠나고 싶을 때 그의 사랑으로 나를 정복하신다. 하나님은 내가 믿음을 놓도록 내버려 두시지 않으신다. 그를 믿는 나를 발견할 때면 나는 모든 것이 슬프고, 안타깝고, 어리석게 잘못되어 있을 때라도 모든 것이 괜찮을 것이라는 것을 알 수 있다.

  그는 내가 잘못을 할 때 강한 용서로 다가오신다. 내가 구제불능처럼 느껴질 때 나에게 힘으로 다가오신다. 내가 용기를 잃을 때 약간의 희망으로 다가오신다. 오실 때마다 그는 나에게 하나님을 믿는 것을 멈출 수 없는 새로운 이유를 주신다. 그가 하늘을 여시고 땅으로 향하는 사다리를 놓으시고 나에게 은혜로 다가오셨을 때 이미 그 이유를 주셨다. 하나님이 진리이기에는 세상에 잘못된 것이 너무 많다는 생각이 들 때에도 나는 믿는 것을 멈출 수 없다. 괴로운 영혼 가운데 은혜의 승리를 느낄 때면, 그래도 괜찮을 것이라는 것을, 그리고 하나님이 나와 관계를 끊으시기 전까지 모든 것이 괜찮아질 것이라는 것을 알게 된다.

하나님도 서두르지 않으시는데, 서두를 필요가 있는가?

_ 인내의 선물

> 하물며 이 큰 성읍 니느웨에는
> 좌우를 분변하지 못하는 자가 십이만여 명이요
> 가축도 많이 있나니 내가 어찌 아끼지 아니하겠느냐 하시니라(욘 4:11).

    이는 하나님의 연민과 인간의 정당한 분노, 그리고 그 사이의 전형적인 갈등에 관한 이야기이다. 하나님이 바로 인내하는 자의 역할을 맡으셨고 요나는 조바심 내는 선지자다. 하나님의 니느웨 정책을 둘러싸고 둘 사이에는 갈등이 발생한다. 하나님이 하나님을 믿지 않는 무신론자들이고 폭력적인 도시 니느웨에 대해 강경 노선을 걸으셔야 하는가? 하나님께서 선제공격 능력을 이용해 그 폭력적인 도시를 무너뜨리셔야 하는가? 아니면 하나님의 대량 학살을 잠시 미뤄 두고 기다리시며 그 도시에 다시 한 번 기회를 주셔야 하는가? 어떤 것이 될 것인가, 자비로운 연민의 정책 또는 참지 못하고 분노하는 정책? 당신이 누구 편을 들지 궁금하다.

 폭력이 난무하는 도시에 대한 하나님의 반응에 중대한 문제를 두고 주님과 그의 선지자가 서로 공세를 취하는 모습을 살펴보자. 이 이야기에는 만남의 장면이 두 번 등장한다(요나 3, 4장). 첫째는 하나님과 도시와의 만남이고, 둘째는 하나님과 요나의 만남이다. 여기서 하나님은 분노로 가득 찬 요나의 선제공격에 대한 하나님의 연민 가득한 인내의 정책을 변호하신다. 그럼 그 두 장면을 살펴보자. 하나님과 도시, 그리고 하나님과 선지자.

하나님과 도시

이 도시는 니느웨이다. 고대의 훌륭한 도시다. 모든 시대의 모든 도시가 그러하듯, 이 도시도 저주와 축복이 교차한다. 모든 세상의 최악과 최고가 공존한다. 문화의 중심에는 가장 훌륭한 학교, 최고의 병원, 최고의 극장, 최고의 음악, 최신 기술이 있다. 살기 아주 좋은 곳이다. 이곳에는 가장 외로운 사람, 가장 정신없는 라이프스타일, 가장 부정부패가 심한 정치, 가장 뻔뻔스러운 부도덕성 그리고 무엇보다 최악의 폭력이 존재한다. 살기 끔찍한 곳이다.

성경을 통해 보면 이 문명화된 도시는 수수께끼 같다. 한편으로 이 도시는 하나님을 믿지 않는 곳이다. 그러나 영감의 환상이 마치 하나님의 임재 가운데 하나님의 도시처럼, 그의 집처럼 도심에 비추면, 예루살렘은 거룩한 도시, 하나님의 도시이다. 그래서 그 도시는 어느 곳도 될 수 있다. 하나님이 버리신 소돔도, 하나님이 새롭게 하신 예루살렘도 될 수 있다.

니느웨는 하나님께 버림 받은 도시로는 최고이다. 폭력이 난무하는 무신론적 집단이다. 하나님은 폭력을 참지 못하신다. 하나님은 인류의 비인간적 잔인함을 참지 못하신다. 어떤 종류의 폭력이 하나님을 가장 분노하게 하는지는 알지 못한다. 빈곤한 자들에 대한 경제 제도의 폭력인가? 군사적 폭력인가? 아니면 단순히 길거리의 깡패와 갱들의 폭력인가? 어쩌면 그 모든 것을 합쳐 놓은 것일지도 모른다. 아내들에 대한 남편의 폭력까지 포함하여. 그래서 니느웨는 모든 폭력적 문명의 상징이 된다.

요나는 하나님만큼이나 니느웨의 폭력에 화가 나 있었다. 그래서 하나님은 그 선지자를 그 도시에 보내 이제 주님께서 더 이상 참지 않으신다고 선포하도록 하셨다. 그 분노한 선지자는, 독선적인 마음에 자신 역시 격분하여, 기꺼이 그 임무를 수행하러 떠난다.

그가 전에도 한번 떠난 적이 있음을 기억할 것이다. 하지만 그때는 하나님께서 결국 마음이 약해지셔서, 정작 그 도시를 무너뜨릴 순간이 오면 포기하실지도 모른다고 생각했었다. 그리고 그때에는 큰 물고기가 그와 니느웨 사이를 가로막았다.

이제 그는 드디어 니느웨에 왔다. 그리고 불의 저주에 대해 강력하게 선포한다. 이 도시를 파괴하고, 쓸어 버리고, 태워 버릴 것이라는 하나님의 계획을 전하다. 하나님은 분노하셨고, 더 이상 참고 보지 않으실 것이다. 그래서 40일 안에, 30일 더하기 열흘 후에, 하나님은 칼과 불로 니느웨를 벌하실 것이다. 빠져나갈 방법은 없다. 니느웨는 끝났다.

요나는 눈물 한 방울 없이 이 메지지를 선포했다. 니느웨는 최후를 예언하면서도 눈물이 흐르지 않았다. 그들이 자처한 것이다. 동쪽에 사는 하나님을 믿지 않는 이 사람들에게 언젠가는 꼭 닥칠 일이었다. 물론 그의 생각도 일리가 있다. 하나님도 니느웨의 잘못에 대한 요나의 의견에 한번도 반박하지 않으셨음을 우리는 알 수 있다. 그 도시의 폭력을 옹호하시지도 이해해 주시지도 않으신다.

그래서 요나는 39일 동안 도시의 멸망을 선포했고 40일째 되던 날 '버섯구름'을 보기 위해 옆으로 비켜 섰다. 하지만 그 끔찍한 날이 다가왔지만, 아무 일도 일어나지 않았다. 해가 뜨고, 아이들은 야구를 하러 나갔고, 남자들은 일을 하러, 그리고 여자들은 그 당시에 여자들이 해야 할 일을 했다. 도시는 예전처럼 돌아갔다. 대학살은 연기되었다.

무슨 일이 일어난 것일까? 두 가지 놀라운 일이 있었다. 하나는 도시 안에서 일어났고 나머지 하나는 하나님 가운데 일어났다. 도시가 변했다. 하나님이 변했다. 둘이 모두 변했을 때, 12만 명이 또 하루를 살게 되었다.

도시가 변했다. 어쩌면 이것이 가장 놀라운 변화일지도 모른다. 그 큰 도시, 죄로 가득 찬 문화가 창조한 그 악한 도시가 변화했다.

평범한 사람들부터 시작되었다. 그들은 자신들의 폭력을 회개하기 시작했다. 그들은 인간들이 서로에게 잔인한 공격을 하며 자신이 원하는 바를 이루는 것이 얼마나 자기 파괴적이고 자멸적인 것인지 알게 되었다. 그들은 회개하고 폭력을 멀리했다. 그렇게 개인적인 변화들이 퍼지기 시작했다. 남편들이 아내에 대한 폭력을 멈춘 가정에서부터, 동네로, 시청으로 그리고 마침내 궁전에까지 퍼졌다. 니느웨의 왕은 온 나라를 이끌고 회개 행진을 했다. 그리고 폭력에 대한 새로운 황실 정책이 수립되었다. 그렇게 도시는 변했다. 영원히 변한 것도, 완벽하게 변한 것도, 통치자가 먼저 변한 것도 아니지만, 적어도 그 마음이 변했다. 주님 앞에서 그들이 주님께로 향하고 폭력적인 방법들을 멀리하겠다고 결정했다.

이 놀라운 도시, 사람들의 변화를 이해하는 것은 쉽지 않다. 인류가 악의 소용돌이에 영원히 갇혀서 그 어떤 것도 인간의 폭력의 흐름을 끊을 수 없다는 것이 상식처럼 되었기 때문이다. 그래서 우리는 이 변화의 이야기를 조금씩 이해해 가려고 노력해야 한다. 폭력적인 도시도 변화할 수 있다.

니느웨는 폭력을 영원한 최고 해결책으로 삼는 세계 힘의 중심의 상징이다. 국가 대 국가, 부족 대 부족, 그리고 민족 대 민족의 폭력에 관한 것이다. 하지만 도시는 마약 중독 부모 대 자녀, 마약 중독 자녀 대 부모, 어찌할 바를 모르는 경찰 대 통제 불능의 시민,

분노한 시민 대 경찰의 폭력의 중심이기도 하다. 이 소용돌이는 절대 멈추지 않는다. 인류의 한쪽은 항상 다른 한쪽의 공격을 받는다. 절대 멈추지 않는다. 그리고 역사에 따르면 앞으로도 멈출 것이라는 설득력 있는 증거도 없다. 하지만 만약에 하나님이라면….

니느웨는 하나님께서 사람을 그들의 저항에 관계없이, 바꾸실 수 있다는 증거이다. 하나님은 폭력의 제도를 평화의 제도로도 바꾸실 수 있다. 하나님은 적대감을 용서의 정신으로 바꾸실 수 있다. 하나님께서는 맞고 사는 아이들을 그들의 마약 중독 부모들에게서 구해 주실 수 있다. 하나님께서는 도시 전체를 회개와 변화로 이끄실 수 있다.

이것이 요나와 니느웨 이야기의 첫 번째 교훈이다. 하나님께서는 사람들의 마음을 바꾸실 수 있고 하나님은 도시의 정책을 바꾸실 수 있다.

두 번째 교훈은 하나님도 변하실 수 있다는 것이다. 창조주 하나님도 생각을 바꾸실 수 있다는 것이다. 어느 날 하나님께서는 니느웨의 악의 정도가 도를 넘었고 이제 니느웨의 생명도 끝이라고 말씀하셨다. 하지만 하나님은 생각을 바꾸셨다. 그 다음날 그는 니느웨가 변하고 있다. 니느웨를 살려 두자. 다시 한 번 기회를 주어라. 여성들이 아이를 낳고, 젊은 남녀들이 미래에 대한 꿈을 꾸고, 삶이 계속되도록 하라고 말씀하셨다. 하나님이 마음을 바꾸셨다는 사실이 당신에게 놀라운 것인지는 잘 모르겠다. 나 같은 칼빈주의 자들에게는 하나님의 생각의 변화는 오랜 신학적 선입견의 코를 납작하게 꺾는 것이다. 하나님이 정말 생각을 바꾸시는가?

그렇다. 하나님도 생각을 바꾸신다. 하지만 하나님의 근본 마음은 변하지 않는다. 그의 그 자비로운 마음 깊은 곳은 영원히 바꿀 수 없다. 하나님의 마음의 목적은 잃어버린 영혼을 찾고 구원하는 것이다. 아파하는 자들을 치유하시고, 소외된 자들을 부르시고, 억눌린 자들을 자유케 하시고, 평화의 왕국을 이 세상에 재창조하시는 것이다. 하나님은 그 어떤 것도 소멸되어야 한다고 생각하지 않으신다. 이것이 위대한 하나님의 변하지 않는 마음이다. 하나님은 마음의 목적을 달성하기 위해 생각을 바꾸시고, 전략을 수정하고, 방향을 바꾸셔야 한다면 그렇게 하신다. 하나님은 천국의 큰 바위 얼굴이 아니시다. "그 사랑 변치 않고 날 지키시며." 이 가사는 변하지 않으시는 하나님에 대한 진실한 표현이다. 하나님은 영원히 변하지 않으신다. 그의 도시를 향한 마음도.

도시와 하나님 마음의 변화, 그 두 가지 변화는 인간의 도시가 시간을 벌었다는 뜻이다. 사람들은 숨 쉴 공간을 얻었다. 역사는 그 후로 한동안 계속된다. 삶을 사랑하는 모든 사람들, 영혼에 동정이 조금이라도 있는 사람들은 감사하라.

하나님과 선지자

요나는 아니었다. 요나는 계란을 뒤집어쓰고 서 있었다. 그는 분노로 끓고 있었다. 무엇보다 그는 하나님을 원망하는 마음에 펄쩍 뛰고 있다. 그리고 그의 분노에는 두 가지 이유가 있다.

첫째, 그는 하나님께서 도시 전체 앞에서 자신을 바보로 만들었다는 사실에 격노한다. 선지자를 이렇게 대할 수 있단 말인가! 재앙이 다가오고 있다고, 빠져나갈 구멍도, 예외도, 제한도 없다고 사람들에게 선포하라 명령한다. 기원전 981년 6월 21일, 그 무렵에 나라가 망할 것이라고. 그리고 어떤 일이 벌어지는가? 아무일도 일어나지 않는다. 하나님께서는 요나가 1981년 6월 21일 신도들 모두가 하늘로 올라갈 것이라고 약속하는 이단 교주처럼 보이게 하셨다. 또는 1969년 8월에 캘리포니아가 바다에 가라앉을 것이라고 말한 예언자처럼 말이다. 이는 자신감 없는 설교가의 무너질 듯한 자아를 받쳐 주는 길이 아니다. 그래서 요나는 상처를 받았다. 하나님은 선지자의 자존심에 구멍을 내셨다.

하지만 그의 분노는 이보다 더 깊이 들어간다. 우리가 살고 있는 세상 그리고 우리가 믿고 살아야 할 하나님과 관계가 있다. 요나는 악한 사람들은 그에 상응하는 대가를 3막이 끝나기 전에, 치르는 세상에 살고 싶다. 그는 즉결심판을 믿는다. 폭력은 폭력으로, 사탄은 공정한 심판을 받아야 한다.

40일째 되는 날 니느웨 위에 파괴의 구름이 드리워지지 않자, 세계의 도덕적 틈이 갈라지기 시작했다. 세상의 도덕성이 위기에 처했다. 하나님이 앞으로 악에 당당히 맞설 것이라고 어떻게 믿을 수 있는가? 도덕적 심판보다 연민의 손을 들어주시는 하나님을 어떻게 신뢰하는가? 은혜의 하나님이 세상의 악에 맞설 수 있다고 어떻게 신뢰하는가?

하나님의 연민으로 인해 즉결처분이 이루어지지 않았을 때 도덕적으로 분노한 선지자는 어떤 행동을 취하는가? 그는 은퇴를 하고 도심 외곽으로 떠난다. 그는 도시를 처음부터 좋아하지도 않았다. 파티오에 긴 안락의자를 설치하고, 음료를 들고 기다린다. 시간을 좀 드리면 하나님도 다시 정신을 차리시고 용기를 내어, 큰 천둥을 동쪽으로 보내서, 도시를 치고 결국 적을 파멸시키실지도 모른다. 그동안 요나는 선지자를 그만두고 삶을 즐길 것이다. 수영장 옆에 자리를 잡고, 결국 버섯구름이 폭력의 도시의 재 위로 솟을지 지켜보았다.

이제 하나님과 선지자의 만남이 이루어진다. 하나님은 과거 정책의 대표 대변인이었던 사람에게 새 니느웨 정책에 대해 설명하셔야 한다. 그래서 하나님은 수영장 옆에 앉아 있는 요나에게 나타나신다.

하나님: 요나야, 너에게서 안 좋은 느낌을 받는다. 지금 많이 화가 나 있구나.

요나: 저에게 하신 일을 생각하면 정말 분합니다. 너무 상처 받아서 차라리 죽었으면 좋겠어요.

하나님: 그것에 대해 나와 이야기를 해 보겠니, 요나야?

요나: 네, 얘기하죠. 하나님이 마음이 여리시다는 것은 알아요. 그렇게 동정을 베푸실 수도 있다고 생각했어요. 내 본능에 따라서. 처음에 그랬듯이, 니느웨 근처에 가지도 말았어야 했어요.

하나님: 그렇지만 요나야, 왜 나에게 화를 내는 거니?

요나: [응답 없음]

만약 요나가 들으려고 하지 않는다면, 실물을 통한 교수법은 통할지도 모르겠다. 포도나무를 등장시킨다! 멋진 포도나무가 밤새 자라, 니느웨에 닥칠 최후의 날을 느긋하게 앉아 기다리고 있는 선지자 위에 그늘을 만들어 준다. 얼마나 훌륭한 포도나무인가! 가장 최근 기록에 따르면 그 포도나무의 식물학적 정체를 밝혀내기 위한 박사 학위 논문이 239개에 달한다. 하지만 지렁이가 온다. 아주 크고 굶주린 지렁이! 한입에 그 지렁이는 포도나무를 파괴한다! 정말 대단한 지렁이다!

요나는 정말 화가 잔뜩 났다. 누군들 아니겠는가? 뜨거운 바람이 불고, 태양은 그의 대머리에 뜨겁게 내리쬐고 그의 수영장은 지렁이 먹은 포도나무 찌꺼기로 가득하다. 나는 그보다 덜한 것들에도 평정을 잃었었다. 여하튼, 하나님은 당신의 뜻을 밝히셨다. 그래서 다시 요나에게 다가오신다.

하나님: 여기 하늘에서까지 네 분노를 느꼈다. 요나야, 그렇게 화를 내는 것이 건강에 좋다고 생각하니?

요나: 적어도 하나님 뜻이 무엇인지 정확히 알았어요. 결국은 이거죠. 우리를 강제로 불명확하고, 마음도 약하고 진보적인 하나님이 운영하는 이 썩은 세상에 살게 하는 것. 사실은 나는 이런 세상에 살고 싶지 않아요. 나가고 싶다고요. 차라리 죽겠어요. 아무것도 다시 옳게 바뀌지 않을 거예요. 하나님은 사탄에게 너무 관대하세요.

하나님: 그 포도나무 때문에 그러니? 너는 무언가를 느끼지. 그 식물이 마음에 들지. 그 아름다운 포도나무에 너는 마음이 사로잡혔구나. 네가 잠깐 동안 그렇게 포도나무를 좋아하게 되었는데, 나는 사리 분별도 하지 못하는 12만 명 이상의 사람과 수많은 동물들이 살고 있는 그 위대한 도시 니느웨를 걱정하지 않겠니?

이제 그림이 잡히는가? 요나는 악함만을 보았다. 하나님은 사람들을 보셨다. 요나는 폭력적인 권력 구조를 보았다. 하나님은 약한 사람들을 보셨다. 요나는 악함을 보고 분노했다. 하나님은 사람들을 보고 연민을 느끼셨다. 바로 여기에 갈등이 있는 것이다.

아직도 그 갈등은 존재한다. 도덕적으로 분노한 사람들은 모든 사람들을 적과 친구로, 좋은 사람과 나쁜 사람으로 명확히 구분하려고 한다. 그리고 적과 나쁜 사람들에 대한 즉각 처분과 처벌을 기대한다. 하나님은 인류를 사람들로 보신다. 모두가 조금씩 선하고 악한 사람들로 보신다. 하나님은 그들에게 기회를 주고, 시간을 더 주고, 이 세상이 조금 더 지속되길 원하신다. "그는 아무것도 파멸하길 원하지 않으시기 때문이다."

하지만 이 세상의 요나들은 이렇게 말한다. "그들은 너무 악합니다. 절망적입니다." 하나님은 이렇게 대답하신다. "그렇단다. 하지만 그 아이들을 생각해 보아라. 이 세상의 사담 후세인들을 향한 연민을 갖지 못하겠다면, 어린 아이들은 어떤가?"(어떤 아이도, 니느웨에, 이라크에, 보스니아나 러시아에, 또는 중국에 태어나길 원하지 않았다. 그 어떤 아이도 미국에 태어날 권리를 얻지 않았다. 어떤 아이도 도시 슬럼가 중심의 온수가 공급되지 않는 아파트에 태어나기로 선택하지 않았다). "아이들은 어떻게 해야 하니, 요나야? 폭력적인 지도자들이 그들이 자처한 일들을 당하길 원한다면, 그 어린 아이들이 자처한 것은 무엇인가? 니느웨가 불타면 그 아이들도 함께 탄다. 그 아이들을 기억하라, 이 세상의 요나들아."

그리고 동물들까지도. 하나님께서는 송아지 한 마리에도 연민을 느끼셨다. 왜 니느웨의 모든 동물들을 죽여야 하는가? 이 세상이 느린 속도로 조금만 더 이어지게 하지 말아야 할 이유가 무엇인가?

하나님이 니느웨를 다루신 방법을 통해 하나님께서 인류 역사, 죄 많은 인간들, 그리고 우리를 대하시는 모습을 볼 수 있다. 오랜 질문에 대한 해답이다. 왜 하나님은 모든 것이 잘못된 것 같은 이 인류 역사를 지속시키시는가? 왜 시대의 큰 불로 다 태워 없애버리기까지 그렇게 오랜 시간을 기다리시는가? 이는 신약을 통해 사도 베드로가 기록한 진리에 관한 이야기이다. 그리스도께서 이 세상을 심판하시고 새로운 세상을 만드시러 재림하신다는 예언에 사람들이 코웃음을 칠 때 베드로는 하나님께서 왜 그렇게 시간을 끄시는지 설명했다. "아무도 멸망하지 아니하고 다 회개하기에 이르기를 원하시느니라"(벧후 3:9).

긍휼은 하나님께서 인간들을 위해 조금 더 참으실 수 있게 한다. 하나님은 해결되지 않은 일들, 강퍅한 마음, 잘못으로 가득한 세상을 참고 보시며 항상 사람들에게 하나님께로 돌아올 기회를 주신다. 긍휼은 서둘러 심판하지 않는 것이다. 인내하며 새로운 날, 변화가 올지 모를 내일을 기다린다. 긍휼은 미래를 미리 끝내지 않는 힘이다.

우리는 하나님의 긍휼이 필요하다. 우리는 적의 악함 이상의 것을 보아야 한다. 우리는 하나님 없는 시스템 이상의 것을, 이방 세력의 위협하는 철학을 볼 필요가 있다. 하나님의 눈을 통해 그 적들을 보통 사람들로 볼 수 있어야 한다. 우리는 긍휼하신 하나님의 목소리를 빌어 미국무성과 다른 모든 세계의 권력이 집중된 기관들에게 주장해야 한다. 우리는 그들에게 폭력은 치유할 수 없는 습관이 아니고 재앙을 우리가 피할 수 없는 운명이 아니라는 사실을 말해 주어야 한다.

2천 년 동안 그리스도인의 눈은 예수 그리스도를 인간 폭력에 대한 최후 해결책으로 보아왔다. 베드로는 이전에 이렇게 말했다. "우리는 그의 약속대로 의의 거하는 바 새 하늘과 새 땅을 바라보도다"(벧후 3:13). 우리는 그 이후로 계속 찾아왔다. 우리는 무기를 모두 버리고 평화로운 세상에 사는 날, 더 이상 전쟁에 대해 배우지 않아도 되는 날, 더 이상 폭력으로 문제를 해결하려 하지 않는 날을 꿈꾼다. 우리가 이 장기적인 관점을 유지한다면, 우리의 문제에 대한 즉각적이고 폭력적인 해답을 구하지 않게 될 것이다. 지금 당장, 이 순간에, 최종 점수를 계산하지 않아도 된다. 그 마지막 해답이 하나님의 때에 오게 된다는 것을 우리는 알고 있다. 그러니 적개심을 버리고, 증오심을 잠시 접어두고, 분노를 삭이고, 긍휼하신 하나님으로부터 인내의 정신을 본받자.

우리 중에 많은 사람들이 적을 파멸시키기 위해 선제 공격을 요구할 것이다. 미국이 적의 도시들에 대항해 복수의 주도자가 되기를 하나님이 바라신다고 믿는, 분노하고 조급한 예언자들이 충분히 있을 것이다. 이들이 바로 오늘날의 요나들이다. 먼저 그리스도인들이 그리스도의 십자가에서 직접 체험하고 배운 긍휼을 갖기를 원한다. 평화가 찾아올 수 있는 기회를 주도록, 재앙의 날을 늦추고 예수님이 다시 오실 때까지 인류가 지속될 수 있도록 함께 이야기하길 바란다.

하나님의 자비로우신 인내는 우리의 개인적인 인내하지 못함의 해답이 되기도 한다. 우리의 걱정스러운 삶의 통제센터에서부터 하나님의 인내는 냉정한 무관심처럼 보이기도 한다. 너무 오래 기다리셔서 관심이 없으신 것처럼 보이기도 한다. 하지만 하나님은 시간이 많으시고, 자신의 작품에 대해 사랑하는 예술가처럼 서두르지 않으신다. 우리도 서두를 필요 없다. 특히 어려운 문제들에 대해 문을 닫고, 끝을 내고, 지금 해결하기 원하고, 또 포기하는 것에 있어서 절대 서두를 필요가 없다. 모든 것이 잘못되고 있다고 해서 너무 빨리 포기해서는 안 된다. 우리의 힘든 결혼생활도 너무 빨리 포기해서는 안 된다. 문제 자녀들에 대해서도 너무 빨리 포기해서는 안 된다. 문제 많은 자신에 대해서도 너무 빨리 포기해서는 안 된다. 모든 것이 오늘 괜찮아지기를 바라지 말라. 하나님께서 우리에게 시간을 주셨듯이 하나님께 시간을 드려라.

이 문제의 결론은 하나님께서 우리에게 하나님의 인내를 모방할 수 있는 은혜를 주신다는 것이다. 그는 우리에게 선택권을 주신다. 우리의 문제들에 대해 즉각적으로 극단적인 해결책을 요구하는 이 세상의 요나들이 될 것인가? 아니면 하나님께서 시간을 두시고 역사하실 수 있도록, 그리고 하나님의 방법대로 우리 역시 미래를 미리 단정지어 끝낼 필요가 없다는 것을 보여 주실 수 있도록 할 것인가? 오늘 모든 것이 정말 잘못된 것처럼 보일지라도 내일은 모든 것이 괜찮아질 것이라는 것을 보여 주실 수 있도록 할 것인가? 그렇게 한다면 하나님께서는 오늘부터 우리는 괜찮다고 느끼도록 해 주실 것이다. 다른 것들은 조금 기다려야 할지라도 말이다.

11장

지옥에 떨어져도
하나님의 손안에 떨어질 수 있다

_ 안아 주심의 선물

> 내가 하늘에 올라갈지라도 거기 계시며 스올에
> 내 자리를 펼지라도 거기 계시니이다 …
> 거기서도 주의 손이 나를 인도하시며
> 주의 오른손이 나를 붙드시리이다(시 139:8, 10).

나는 워싱턴 주 기그 하버에 있는 소박한 어촌에서 좀 떨어진 푸젯 사운드에서 그리 멀지 않은, 폭스 아일랜드에 있는 평범한 빨간 집에 혼자 머물고 있었다. 인디언 섬머 기간까지 3주를 그곳에서 지냈다. 라디오, 텔레비전, 스테레오 아무것도 없었다. 야구 경기도, 11시 뉴스도 못 보고 저녁 전에 모차르트의 음악도 못 들었다. 신문도 잡지도 가져가지 않았고 책도 읽지 않았다. 와인도 마시지 않았으며 전화 통화도 하지 않았다. 하루에 두 번, 아침 10시 그리고 오후 4시에, 나는 집 앞 자갈길을 따라 바닷가까지, 그리고 또 바닷가를 따라 기그 하버와 연결되는 다리까지 산보를 했다. 대부분의 아침에는, 아침 일찍, 내면의 여행 가이드인 존 핀치와 이야기를 나눴다. 나머지 시간에는 집안에서 나의 영혼과 대화를 했다. 둘째 주 중반, 수요일 오후 4시경에 나는 하나님의 임재를 느꼈다. 옛 히브리 기자가 옳다는 것을 깨달았다. 지옥에 누워서도 하나님의 품에 안겨 있다는 것을 느낄 수 있다.

 만일 이것이 사실이 아니라면 이 책을 통해 내가 지금껏 이야기한 것은 모두 거짓이 된다. 우리가 지옥을 걸을 때에도 우리의 파멸의 원인의 끝없는 구덩이에 빠지고 있는 우리를 들어주시고 함께 묶어 주시는 하나님의 임재를 우리의 밑에서, 주위에서 느낄 수 있다는 것, 이것이 사실이면 모든 것이 사실이다. 지옥에서도 하나님을 찾을 수 있다면 우리는 어디서든지 하나님을 찾을 수 있다. 하지만 하나님을 찾기 위해서는 그를 느껴야 한다. 중요한 것은 느끼는 것이다. 내가 감히 할 수 있는 말은, 우리가 그를 느껴야만 찾을 수 있다는 것이다.

 그 따스했던 오후 폭스 아일랜드에서 내가 어떻게 하나님을 느꼈는지 나누기를 원한다. 그 한 시간의 경험이, 어떻게 겉으로는 모든 것이 지옥 같아 보일 때도 우리의 삶의 중심은 정말 괜찮다는 것을 경험을 통해 확실히 알 수 있는 예가 되었는지 알려 주겠다.

 정신적 지지대도 없이 혼자 있는 것은 갑판을 치우는 방법일 뿐이었다. 혼자 있는 것은 하나님께 들어가는 비밀 열쇠가 아니다. 단지 깊은 내면의 감정들로 향하는 밸브를 막히게 하는 찌꺼기를 치우는 작업일 뿐이다. TV가 없을 때 채널 2번에서 하는 램스의 경기를 보기 위해 도망칠 수 없다. 읽을 책이 없으니 많은 생각들로 감정을 덮는 것이 조금 힘들었다. 이야기할 사람이 없으니 친구와 잡담을 하기 위해 하나님과의 대화를 끊기도 어려웠다. 그래서 나는 단순히 나의 일상적인 탈출구를 닫을 수밖에 없었다. 왜냐하면 매일의 다양한 방어책들로 내가 하나님을 차단해서 그분을 만나지 못하는 일이 없도록 하기 위해서였다.

지옥에서 하나님을 만나다?

지옥은 모두가 알듯이 하나님을 찾을 것을 기대하는 곳이 아니다. 지옥은 모든 것이 잘못되었다는 느낌을 가장 깊이 느끼는 곳이다. 하찮음. 전형적인 하나님께 버림 받음을 나타내는 결정적인 말이다. 그래서 나의 경험은 내가 이성적으로 기대할 수 있었던 것과 정반대였다. 사실, 내가 먼저 지옥에 떨어지고 하나님께서 나를 찾으시도록 하지 않았다면 아마 그렇게 하나님을 만나지 못했을 것이다.

당신이 나를 이해해 줄 것이라 믿는다. 꼭 죽어야만 지옥을 경험하는 것은 아니다. 우리에겐 작은 지옥들도 있다. 그 지옥들은 마치 도로를 달리다 만나는 교차로만큼이나 우리 삶의 거의 모든 교차로마다 심어져 있다. 작은 지옥들은 실제 지옥과도 같다. 다만 끝이 아닐 뿐이다. 우리에게 다가오고 있는 그 큰 지옥에서 하나님을 만나는 것만큼이나, 우리 감정의 작은 지옥에서 하나님을 만나는 것은 놀라운 일이다. 중요한 것은 개인적인 지옥의 구덩이에서 하나님 품에 안겨 있는 자신을 발견하는 것은 모든 것이 완전히 잘못되었을 때에도 괜찮다는 것을 아는 것이라는 사실이다.

하지만 이런 일이 정말 일어나는가? 하나님이 직접, 그 깊은 곳에, 그 힘든 곳에 모든 것이 끔찍하게 잘못된 그곳에 계신다는 말인가? 옛 히브리 기자가 하데스의 블랙홀로 빠지고 있을 때, 잃어버린 영혼들의 임자 없는 땅, 지옥의 얼어붙은 찌꺼기들에 미끄러져 떨어질 때, 하나님께서 자신을 안아 주실 것을 기대한 것은 단지 공상에 불과한가? 내가 해 줄 수 있는 말은 내가 하나님을 느꼈을 때, 정말 하나님을 느꼈다는 것이다. 하나님을 느끼는 것처럼 느껴진 느낌을 말하는 것이 아니다. 나는 하나님의 팔에 안겨 있었다. 하나님의 강한 손이 사랑의 손길로 나를 받치고 있었다. 이 점에 대해 논쟁하여 설득할 것을 기대하지 말기 바란다. 확률을 계산하고 하나님이 지옥에 계실 것이라는 증거를 모아 판단할 것이라고 기대하지 말라. 내가 느낀 것을 전하는 동안 그냥 나의 이야기를 받아들여야 한다.

하지만 그 하나님의 손에 대해 이야기할 때는 진지할 필요가 있다. 하나님도 손이 있다. 수업 시간처럼 비유적인 표현들에 대해 이야기하지 말아야 한다. 하나님의 손은 은유가 아니다. 우리 인간의 손이 은유이다. 내가 수작업을 하는 것은 하나님을 서투르게 따라하는 견습생일 뿐이다. 손가락이 다섯 개 달린 손을 손이라고 부를 수 있도록 하신 것은 하나님의 손과 닮았기 때문이다. 하나님의 손이 진짜, 원조, 원형의 창조적 손이다. 그래서 우리가 작은 지옥에 밀려들어 가 그곳에서 자리를 잡을 때 하나님께서 우리를 잡고 계신지 아닌지는 우리의 생사가 달린 문제이다. 지옥에서 하나님의 손은 최고 보안책이다. 지옥의 침대에서 하나님의 손이 당신을 잡고 있는 것을 느끼면 당신은 은혜의 눈, 최고의 안전지대에 들어선 것이다.

우리가 잘못된 일들을 바로 잡고 스스로 지옥에 떨어지지 않도록 하기 위해 얼마나 노력을 해야 하는지 아는가? 물론 알고 있다. 하지만 종양을 떼어내는 외과의사의 손, DNA의 유전자를 뒤바꿔 인간을 향상시키기 위해 노력하는 유전공학자들의 손만 생각하지 말라. 대신 세상에서 가장 중요한 사람인 당신 어머니가 당신이 사랑 받을 만한 착한 아이라고 생각하고 있다는 사실을 느끼도록 머리를 쓰다듬어 주시는 손을 생각하라. 소속감을 느낄 수 있도록 어깨를 한대 쳐 주는 친구의 손을 생각하라. 운이 좋으면 사람들이 당신의 연주를 얼마나 좋아하는지 보여 주기 위해 자신들의 손을 마주치기도 한다. 큰 갈채는 무능력한 자아의 치료제이다. 그리고 부드러운 손길, 친밀한 스침, 살갗에 겨우 닿는 감각적인 애무, 사랑, 욕구, 포용의 의미를 담은 손이 있다. 다른 사람의 삶에 기쁨을 줄 수 있다는 사실을 알려 주는 손이 있다.

  이러한 손길이 우리에게 어떤 의미인가? 우리에겐 거의 전부이다. 인간 우상의 손, 우리가 괜찮다고 말해 주는 손, 모든 것이 괜찮다고 말해 주는 손길이다. 인정받은 것처럼 느끼게 한다. 우리가 착한 사람, 존중 받는, 사람들이 원하고 존경하는 사람들이라는 느낌을 갖게 한다. 깊은 감정의 작은 지옥들에 빠지는 것을 막아 주는 손길이다. 때에 따라서 놓치기도 하지만, 한번에 그 모두를 놓칠 리는 없다. 우리를 만져 주는, 쓰다듬어 주는, 우리에게 박수를 보내는 손이 없다면 우리는 길을 잃는다. 오 하나님, 우리는 정말 이 인간의 손길을 필요로 합니다. 그들이 우리를 떠나면 우리는 지옥을 자처한다. 우리는 사람들의 손길이 우리가 있는 곳까지 닿지 않을까봐 두려워하며 삶을 달려간다. 마치 그들이 우리의 가치를 인정한다는 느낌을 받지 못할까봐 그렇게 사람의 손길 없이 홀로 남겨지는 것이 외과 의사의 손길이 우리 몸속의 종양을 떼어낼 수 없다고 말하는 것보다 더 두려운 일일지도 모른다. 수술을 받지 못하는 것보다 거부당하는 것이 더 지옥 같다. 생각해 볼 가치도 없을 것이다. 하지만 도덕적 확언도, 박수도, 격려도, 지원도 없이 혼자 바람에 흔들릴 그때가 지옥이 될 것이라는 것도 안다. 떨어지는 것을 잡아줄 그 무엇도 없이 당신의 내면의 모습, 존재 자체만 홀로 있을 때 지옥을 경험할 것이다.

그래서 이제 결론이다. 엄마의 손길처럼 누군가 우리의 머리를 쓰다듬어 주지 않으면 우리는 지옥을 부른다. 또는 결국 세상의 모든 손길도 우리에게 괜찮다고 확신을 주기에 충분하지 않다는 것을 깨달을 때, 인간의 손길이 어떻게든 우리를 실망시킬 때 우리는 지옥에서 뒤척인다.

지옥에 떨어지는 것

화창한 9월 어느 수요일이었다. 나는 작은 지옥에 떨어지다 살아 계신 하나님의 손에 닿았다. 그 추락의 구체적인 사항까지는 이야기할 수 없지만, 하나님의 방법에 대해 수년간 생각하고 가르친 결과 그것이 나에게 어떤 느낌이었는지 말로 전하는 것보다 좋은 도구는 없다는 결론을 내리게 되었다. 심리학에 대해 모르는 것이 없는 나의 박식한 친구들은 아마 내가 공황장애를 겪었다고 할 것이다. 그들이 옳은지도 모른다. 내가 할 수 있는 유일한 말은, 인간의 손길이 나를 잡아줄 수 없는 공허함에 혼자 매달려 있을 때 하나님의 손길이 나를 아래에서 잡아 올려 주는 구원의 임재를 느꼈다는 것이다.

작은 거실에서 가져온 네모난 나무 식탁과 오래되어 덜컹거리는 의자 네 개가 빼곡히 찬 부엌 근처 어두운 공간을 왔다갔다하고 있었다. 작은 지옥은 어디에서든 찾을 수 있다. 내가 빠른 걸음으로 서성이면서 나는 칼빈주의적 대뇌에 저장되어 있는 은혜의 교리와 훌륭한 그리스도인으로 살아가면서 하나님께 인정받고 싶어 하는 나의 비밀스런 환상 사이의 공백에 점점 더 불안해졌다. 어린시절 기억이 있는 마음 깊은 곳에는 누군가가 머리를 쓰다듬어 주기를, 누가 어루만져 주기를, 누군가가 박수를 쳐 주기를 바라고 있었다. 내 주변 사람들에게 받기 전에는 하나님의 인정을 받았는지 확신할 수가 없었다.

   나는 사실 하나님과 나의 어머니를 헷갈리고 있었다. 정확히 말하자면, 하나님의 인정이 필요했던만큼 어머니의 인정이 필요했던 것이다. 어머니는 나에게 하나님 대역이었고, 하나님의 인정을 받는 것만큼 어머니의 인정을 받는 것이 어려울 것이라고 두려워했다. 친구들도, 그리고 물론 아내와 동료들도, 나를 어루만져 줄 손이 있는 사람은 누구나 필요했다. 나의 삶을 정당화하기 위한 어머니의 대역 그리고 우상들의 대역이었다.

   어떤 사람들에게는, 내면의 어린 아이는 재미있고, 즉흥적이고, 활발한 아이들이다. 진지한 어른의 영혼의 갈대 뒤에 숨은 어린 악마들처럼. 내 안의 아이는 어머니와 하나님, 그 두 존재를 단 한번도 따로 생각한 적이 없었다. 승인을 받기 위해서는 지금보다 나아져야 한다고 생각하는 못된 아이이다. 내 안의 작은 아이는 겁먹은 작은 바리새인이다. 끝없는 막대기 끝에 달린 하나님의 당근을 쫓아 달리는 아이. 하지만 나의 당근은 어머니의 "잘했다. 선하고 신실한 아들아."의 모습이었고 나는 한번도 그것을 잡지 못했다. 그리고 백만 년을 노력한다 해도 잡지 못할 것이다.

할 수 있는 것이라고는 선행을 쫓고, 너무 자주 가장하고, 때로 자신을 깎아내려 적어도 솔직함에 점수 따고, 하지만 항상 기대에 부응하기 위해 죽어라 노력하고, 결국 그 기대에 부응하지 못했다는 그리고 절대 앞으로도 부응하지 못할 것이라는 비참함에 힘들어 하는 것뿐이다. 나는 동시에 기독교의 은혜의 교리를 정통 칼빈주의 그대로 알고 있었다. 하지만 끔찍한 우울증에서 완전히 빠져나올 정도로 내 감정에서 그것을 실천하지 못했다. 그 우울증은 나를 "너는 가치가 없다. 너는 가치가 없다."고 한가득 써 있는 벽으로 사방이 둘러 쌓인 방에 가둔다. 그리고 그 벽은 때로 나를 절망하도록 조이고 누르고 민다.

그 작은 공간에서 서성거릴 때, 슬픔이 나의 몸 전체를 사로잡았고, 나는 그 모든 사람들의 손길, 어루만져 주고, 인정하며 쓰다듬어 주는 그 모든 손길을 빼앗긴 것 같은 느낌을 받았다. 그 손길을 너무 원하는 위선자처럼 느꼈을 뿐 아니라, 그들을 필요로 할 때 그들에게 버림 받았다는 생각을 하게 되었다. 그리고 나는 공황상태에 빠졌다. 마치 어머니가 "결국 너를 인정할 수가 없구나. 절대,

너는 내 사랑을 받을 자격이 없다. 절대로." 라고 말하는 것 같았다. 마치 내가 가장 필요로 하는 가장 친한 친구들조차도 이렇게 말하는 것 같았다. "미안해, 거기에 있는 너와 닿을 수 없어. 너를 도와줄 수 없다." 그리고 내 삶의 모든 사람들이 함께 합창하기 시작했다. "우리는 너를 도와줄 수 없어." 내가 필요로 하는 모든 손길이 사라졌다. 나를 안아 주는 손길은 하나도 없었다.

그들은 나를 홀로 남겨 두었다. 하지만 그들이 없이는 내가 추락할 것이라는 것을 알았다. 그리고 나는 실제로 떨어졌다. 아래로, 아래로, 아래로, 공허함으로, 지옥으로, 가치 없음과 희망 없음의 비참한 구덩이로.

그런 외로움의 고통, 두려움, 무력함, 그리고 절망을 나는 그 동안 느껴 본 적이 없었다. 나는 완전히 갈팡질팡하고 있었다. 경건하게 살려던 삶이 수포로 돌아가고, 불완전한 은혜의 믿음의 삶은 무익한 것으로 드러났다. 나는 구제불능이었다. 나는 도와달라고 소리쳤다. 하지만 아무도 다가오지 않았다. 나는 지옥을 자처하고 있었다.

나는 영적 폐허에 누워 있었다. 하지만 가라앉지는 않았다. 내가 공허함 가운데로 빠졌을 때 나는 하나님의 손안에 떨어졌다. 그 옛 히브리 기자의 말이 옳았다. 지옥을 자처할 수도 있고 하나님의 품 안에서 쉼을 얻을 수도 있다. 조나단 에드워드가 뭐라 말했건 간에 살아 계신 하나님의 손안에 떨어지는 것은 끔찍한 일이 아니다. 하나님의 손은 그리스도의 십자가에 박힌 그 못으로 뚫려 있었다. 그의 손은 사랑의 힘이고, 하나님 없이 우리가 지옥에 떨어지는 것을 막아 주고 우리를 안아 주는 힘이다.

은혜에 안기다

나는 혼자서 나의 감정의 마지막 전초기지와 접촉하여 내가 혼자, 모든 받침대가 다 무너지고, 어떤 지주도 없어지고, 모든 버팀목이 넘어진 가운데 버려지고 남겨질 수 있다는 것을 깨달았다. 인간의 손길이 모두 사라질 수 있지만, 나는 살아남을 수 있었다. 나의 마음 가장 깊은 곳에서 나는 생존했고, 일어섰으며 온전하게 존재했다. 나를 사랑하시는 하나님의 은혜만으로.

 나는 하나님의 품에 안겨 있었다. 나는 은혜로 살 수 있다. 모든 인간의 지원을 잃고도 넘어지지 않을 수 있다. 하나님께서 나를 안고 계시고 나를 떨어뜨리지 않으실 것이다. 나는 지지를 받고, 가라앉지 않을 것이다. 나는 단단히 묶여 있어 무너지지 않을 것이다. 하나님은 나를 받아들이셨고 아무도 나를 거부할 수 없다. 나는 사랑 받았고 이제는 절대 비난 받지 않을 것이다. 나는 지옥에 떨어졌지만 그곳에 나를 위해 하나님이 계셨다. 그때 나는 하나님께서 나의 모든 작은 지옥에 그리고 나의 작은 천국에 나와 함께 하실 것이라는 사실을 깨달았다.

나는 거실의 거무티티한 푸른 소파 앞에 무릎을 꿇고 나를 잡아 주신 하나님께 감사를 드렸다. 하나님이 함께하신다면 사람들의 기대에 부응하지 않아도 괜찮을 수 있음에 감사드렸다. 어머니의 인정을 받지 않아도 성공할 수 있다. 중요한 사람들의 칭찬에서 얻는 위안이 없어도 생존할 수 있다. 하나님이 그곳에 계셔 나를 받아 주심에 감사드렸다. "단 한번 애원하지도 않았는데 당신은 나를 위해 피 흘리셨습니다." 나를 절망의 늪에 빠지지 않도록 하기 위해서 그분은 피 흘리셨다. 나는 사랑을 느꼈고 그래서 나는 하나님을 느꼈다. 아니면 그 반대인가? 하나님을 느껴서 사랑을 느꼈다는 것을 알아차렸는가? 그 순서는 확실하지 않다. 하지만 상관없다. 모든 것이 잘못되어 있다고 느낄 때에도 괜찮다는 것을 알았다.

지옥에서 하나님을 느끼는 것은 어떤 기분인가? 하나님을 만난 경험에 맞는 비유법을 찾으려 노력하지 않았다. 솔직히 말하면, 예수님의 품으로 나를 유혹하는 달콤한 유혹은 느끼지 못했다. 인간의 물방울이 하나님의 바다에 먹히는 느낌을 받지도 않았다. 감상적으로 도취될 수 있는 거룩한 피리소리도 못 들었다. 하늘의 햇살이 쏟아지지도 않았다. 내가 느낀 것은 최악의 상황에 직면해도 파멸하지 않을 것이라는 사실을 알고 느끼는 진지한 최고의 안도감이었다. 어머니의 인정이 없어도 살 수 있고, 기독교적 관점에서 위기에 빠졌을 때에도 전혀 상관하지 않고 내 모습 그대로 살 수 있고, 어머니나 그 누가 나를 인정하던 하지 않던 신경 쓰지 않고 살 수 있다는 것을 깨닫고 느끼는 안도감 말이다. 예수 그리스도를 통해 우리가 얻게 된 하나님의 무조건적인 사랑으로 내가 설 수 있다는 것을 알기 때문이다. 모든 것이 끝장나더라도 나는 괜찮을 것이라는 것을 알았다.

> 만일 그들 중 하나라고 나의 어깨를 쳐 주는 사람이 없어도 나는 생존할 수 있다.
> 만일 내 손을 잡고 나도 친구가 있다고 말해 주는 사람이 없어도 나는 생존할 수 있다.
> 만일 내 입술을 능숙한 손길로 스치며 내가 얼마나 소중한지 이야기해 주는 사람이 없어도 나는 생존할 수 있다.
> 만일 내가 죽은 후에 나를 위해 마지막 축도를 해 주는 교회의 손길이 없어도 나는 생존할 수 있다.

나를 도와주는 사람의 손길이 없어도 나는 작은 지옥들을 이겨낼 수 있다. 지옥에서 나는 하나님의 품에 안겨 있기 때문이다. 그때 내가 느낀 것은 달콤함이라기보다 강력함이었다. 지옥에서 하나님의 팔에 안겨 있을 때에 느낄 수 있는 용기가 있다. 나를 잡아 주시는 하나님이 없이는 그 어디에도 갈 수 없는 사람이 나임을 알고, 있는 그대로의 모습으로 살 수 있는 용기이다. 내가 느낀 것은 경건함이라기보다 용기이다.

물론 이것은 모두 비유이다. 폭스 아일랜드에서 내가 겪은 지옥은 내면의 공허함의 지옥이었다. 하나님의 손길이 비난 받는 것처럼 느끼지 않도록 해 주신 것도 하나님의 은혜였다. 내가 그때 깨달은 감정은 그동안 머리로 알아오던 것이었다. 우리와 함께 지옥에까지도 함께 계시는 전능하시고 은혜가 풍성하신 하나님은 우리를 붙드시고 우리의 죄 가운데에도 우리를 사랑하신다는 진리이다. 차이점은 정말 나를 붙드시는 하나님의 손길을 실제로 느꼈다는 것과 동시에 나를 놓지 않으실 것이라는 사실을 깨달았다는 것이다.

은혜로! 나는 아무런 조건없이, 불완전한 내가 아무런 자격 없이 하나님의 인정을 받았다. 믿음으로! 나는 나를 붙잡은 손이 하나님이시라는 확실한 증거 하나 없이, 그리고 마음이 바뀌어 나를 떠나지 않을 것이라는 보장도 없이 나는 하나님을 느꼈다. 하나님의 은혜로 그리고 나의 믿음으로 나는 살아 계신 하나님을 느꼈고 결국 괜찮다는 것을 알았다. 사도 바울이 "죽음도 삶도 우리 주 예수 그리스도를 통해 우리가 얻은 하나님의 사랑과 우리 사이에 끼어들 수 없다."고 말하며 로마서 7장의 "누가 나를 구원할까?"의 지옥을 지내온 것처럼 나는 그날 오후를 보냈다.

느낌의 경험

정말 이해했는가? 나는 느낌의 경험을 이야기하고 있는 것이다. 낯설고 어두운 곳에서 사랑하는 사람이 함께 있어 줄 때 느끼는 그 느낌 말이다. 그러나 하나님이 책임져 주실 것이라는 믿음에 대해 이야기하는 것이 아니다. 하나님은 우리의 삶에 대한 계획을 가지고 계시고, 우리가 지옥을 지나가는 것도 이유가 있어 계획하신 것이라는 믿음을 예로 들어보자. 하나님이 다 계획하신 것일 수도 있다. 그것을 부인하지는 않겠다. 하지만 하나님께서 계획하셨다고 믿는 것이 그 안의 하나님을 느끼는 것과는 같지 않다. 하나님께서 모든 것을 계획하셨다고 믿는다 해도, 지금 내가 있는 이 지옥에서 하나님을 경험하지 못할지도 모른다. 나의 작은 지옥에서 내가 경험한 것은, 당신도 경험했기를 바라는 하나님 자신이었다.

내가 주장하지 않는 것 또 한 가지는 개인적인 지옥에서 빠져나오면 좋은 일만 생길 것이라는 것이다. 사랑 가득한 하나님의 섭리가 있는 것도, 고통이 바람처럼 사라지는 것도, 저승에서 한 순간 떠오르는 것도 아니다. 기적은 나에게 자주 일어나지 않지만, 좋은 것임은 분명하다. 하지만 내가 하려는 말은 하나님께서 그 지옥 안에 함께 계실 것이라는 것이다. 그 이후가 아니라, 모든 소문과 가능성에 반해 그 지옥에 당신과 함께 사랑으로 당신을 받치고 하나님을 버린 그 순간에도 당신을 품 안에 안고 계신다.

그리고 혹시나 해서 한 가지 더 말하자면, 그 지옥에서 하나님을 느낀다는 것은 고통스러운 문제의 해결책을 찾는다는 것이 아니다. 어떤 사람들은 다른 사람들보다 훨씬 더 많은 고통을 겪었다. 순진한 아이들이 어른들에게 매를 맞고 굶주림에 허덕인다. 불공평함과 이런 고통에 대한 두려움은 민감한 회의론자들이 하나님을 믿지 않는 가장 설득력 있는 이유다. 선하신 하나님께서, 원하시는 것은 무엇이든 할 수 있는 하나님께서 어떻게 그의 세계에 그런 엄청난 고통을 허락하실 수 있는가? 나도 답은 모른다. 하나님이 바라보고 하늘에서 슬퍼하시는 동안, 어떻게 매일 9천 명의 유대인들이 매일 아우슈비츠의 가스실에 갇힐 수 있는지 모른다. 아우슈비츠에서 무엇을 하고 계셨는지에 대한 만족할 만한 이론은 제시할 수 없다. 나는 하나님께서 하나님과 인간의 게임의 규칙을 준수하고 계셨다고 믿는다. 자유 의지를 허락하셨기 때문에 우리가 상상할 수 있는 가장 끔찍한 일을 저지를 때에도 자유로울 수 있도록 하신 것이다.

어쨌든 폭스 아일랜드에서의 내 경험은 아우슈비츠의 문제나 그

외 끔찍한 일들에 대한 해답은 아니었다. 이보다 훨씬 사소한 문제, 나를 도와줄 사람이 하나도 없을 때 어떻게 살아남을 수 있을까에 대한 답이었다. 내가 자처한 나의 작은 지옥에서 느낀 하나님 임재의 그 실체에 대해서만 나는 증거할 수 있다. 나는 아우슈비츠를 보지 못했다. 나는 나의 지옥에만 빠졌었고, 그곳에서 하나님이 나를 위해 계셨다는 사실을 알게 되었다. 아우슈비츠 지옥에서 그들을 품에 안으시고 영원히 추락하는 것을 막아 주실 하나님을 만났기를 바란다.

종교적 감정의 온전함을 주장하는 것이 나에게는 쉽지 않은 일이다. 나의 모든 삶의 방식, 나의 성격, 내가 가진 전통은 내 감정을 믿지 말라고 이야기한다. 특히 종교적 감정이 그렇다. 감정은 당신을 속일 수도 있다. 살아 계신 하나님에 대한 진실보다는 좋은 느낌을 원하도록 유혹할 것이다. 나는 가슴보다 머리를 더 신뢰해야 하는 모든 논리적인 이유를 알고 있다. 하지만 내 감정이 나를 속이지 않았다는 사실도 알고 있다. 내가 느낀 것은 단순히 내 기분이 아니라는 사실을 안다. 하나님이셨음을 안다.

사실 하나님에 관해서는 감정만큼 생각도 방심할 수 없다. 하나님에 대해 생각할 때 내 머리 때문에 바보가 된 적이 한두 번이 아니다. 처음에는 명확한 하나님의 은혜에 대한 교리를 정확히 이해하고 있으면 은혜를 체험할 것이라고 스스로 설득한 적이 있었다.

얼마나 어리석었던지. 신학이 경험의 대체제가 될 수 있다고 믿는다는 사실을 절대 인정하지 않았을 것이다. 그 환상을 실천에 옮길 뿐이다.

  현실에 대한 명확한 생각과 실체를 경험하는 것을 혼동하는 경향을 보이는 바보는 나뿐이 아니다. 우리 모두가 원죄로 부패했다고 가르치기 때문에, 특별히 더 선한 일을 해야 한다고 생각하는 그리스도인들을 본 적이 있다. 나는 모든 것이 괜찮다는 균형 잡힌 교리만 있다면 모든 것이 괜찮을 것이라고 생각했다. 우리 같은 종교적 엘리트주의자들처럼 마음보다 머리가 앞선다면, 그리고 나처럼 어느 정도 지적인 체하는 속물이라면, 적어도 사탄을 인정하고 당신의 감정을 속이는 것만큼 쉽게 당신의 머리도 부추길 수 있다는 사실을 인정하길 바란다.

머리에서 가슴까지

머리에서 가슴까지의 여정, 생각에서 감정까지 가는 길은 고통스럽다는 사실을 인정한다. 지옥에서 하나님을 느끼는데 우리는 꽤 큰 대가를 치른다. 하나님의 부재를 느낄 때 우리는 그의 임재를 가장 강하게 느끼는 것 같다. 하나님이 어디 먼 곳에 계시다고 느낀 후에야 그를 가장 가깝게 느낀다. 때로는 길을 잃었다고, 가라

앉고 있다고, 황폐하다고, 홀로 있다고 느껴야만 하나님이 그곳에 계셔서 작은 지옥 가운데 당신을 품에 안고 계시다는 것을 확실히 느낄 수 있다.

나는 이제 이야기를 마무리하려고 한다. 모든 것이 잘못되었을 때 괜찮을 수 있음을 발견하는 한 가지 방법은, 자신만의 지옥으로 떨어져서, 하나님의 품 안으로 떨어지라는 것이다. 그 특별한 불꽃이 당신을 아무리 무감각하게 하더라도. 하나님의 품에 안기는 것은 은혜의 선물이다. 버튼을 누르거나, 열쇠를 돌리거나, 사람들을 이용하거나, 주문을 외워서 하나님을 제자리에 둘 수 없다. 하지만 하나님께서는 당신이 확실히 하나님이 떠나셨다는 것을 '느낄 때' 그곳이 지옥이라 할지라도, 그곳에 계신다. 그리고 당신은 하나님의 팔에 안기기만 하면 된다. 모든 지지대가 무너지고, 당신을 쓰다듬어 주던 모든 손길이 사라지고, 외면 당한다는 공포에 쌓일 때 하나님은 그곳에, 그 밑에 계시고 당신이 절대 떨어지지 않도록 하실 것이다.

아무리 작은 지옥일지라도 지옥을 권하지는 않는다. 지옥은, 누구의 지옥이든, 너무 큰 상처를 남긴다. 그래서 만약 작은 천국에서 모든 것이 괜찮을 때 하나님을 느낄 수 있다면 그에 만족하라. 하지만 언젠가는 지옥에 떨어져야 할 기회가 있다. 때가 되지 않았는데 혼자, 아무런 희망 없이 떨어졌다고, 모든 것이 잘못되었다고, 하나님께서 그 순간 나를 버리셨다고 느낄지도 모른다. 만일 그렇게 된다면, 아니 그렇게 될 때, 당신도 나처럼 모든 것이 환상적일 때보다 하나님을 더 가깝게 느낄 것이다. 하나님은 그곳에, 우리보다 앞서 가셔서, 당신이 그곳에 닿기도 전에, 손을 펴고 당신이 떨어지고 있다고 확신할 때 당신을 품에 안기 위해서 기다리신다. 하나님께 당신을 품에 안으실 수 있도록 한다면 당신은 그의 임재를, 그의 능력을, 그의 도움에서 오는 용기를 느낄 것이다. 그리고 하나님을 느낄 때, 당신은 그 순간, 그 이후에 그리고 그 어느 때에도 괜찮을 수 있다는 것을 알게 될 것이다. 어떻게 확신할 수 있냐고 나에게 묻지는 말라. 나 역시도 당신에게 그런 일이 일어날 것이라고 보장할 수 없기 때문이다. 하지만 일어날 수 있는 가능성이 있다는 것은 안다. 스스로 인간의 도움을 받을 수 없는 곳으로, 그들로부터 멀리 떨어지고 있다는 것을, 그리고 하나님의 손안에 떨어진다는 것을 당신도 알 것이다. 결국 하나님만이 당신을 안고 계신다는 것을 느낄 것이다. 그리고 그 어떤 것에도 불구하고 모든 것이 괜찮다는 것을 알게 될 것이다.

모든 것이 괜찮을 것이다!

_ 희망의 선물

> 우리는 그의 약속대로 의가 있는 곳인 새 하늘과 새 땅을 바라보도다(벧후 3:13).
> 소망이 우리를 부끄럽게 하지 아니함은 우리에게 주신 성령으로 말미암아
> 하나님의 사랑이 우리 마음에 부은 바 됨이니(롬 5:5).

나는 최근 매년 내가 쓰던 것과 똑같은, 스프링으로 제본되고 까만 인조 가죽으로 덮여 있는 수첩을 새로 샀다. 페이지마다 빈칸들이 있고 그 각각의 빈칸에는 내가 현재 몇 월 몇 일을 살고 있는지 알려 주는 숫자가 적혀 있다. 각 칸은 내 삶의 한 사건을 위한 틀이다. 이 수첩을 끝까지 쓰기 전에 나는 그 칸들에 내가 가르칠 수업, 점심을 함께 먹을 사람들, 하루 종일 참석해야 하는 위원회 회의들로 채우게 될 것이다. 또한 적지 않아도 기억할 수 있는 것들, 수천 잔의 커피, 아내와의 사랑 나누기, 기도, 그리고 바라기는, 이웃에게 도움을 주는 일 등으로 채우게 될 것이다. 내가 무엇을 하건 내 수첩 안의 그 한 칸에 다 채워야 한다.

한번에 하루씩

나는 한번에 하루씩 살아간다. 수첩의 그 한 칸을 만드는 네 개의

선은 나의 삶을 정리하는 시간의 벽이다. 내가 하는 모든 일은 그 한 칸에 다 채울 수 있어야 한다. 선을 넘어갈 수 없다.

각 네모 칸에는 보이지 않는 문이 있어 그 다음 네모 칸으로 이어진다. 조용히 그 문은 열리고 나는 마치 자석에 끌리는 듯, 그 줄 다음 칸으로 끌려간다. 거기서 나는 또 나를 봉인하는 시간의 틀을 다시 채우게 될 것이다. 그 이전의 네모를 채웠던 것과 마찬가지로 내 바쁜 일상으로 채울 것이다. 내가 나이가 들어감에 따라 그 칸은 점점 더 작아지는 것 같다.

어느 날엔 나가는 문이 없는 네모 칸으로 걸어 들어갈 것이다. 신비로운 문이 열리지도 않을 것이고 그 옆 네모 칸으로 넘어가는 일도 없을 것이다. 네모 칸 중 하나가 마지막이 될 것이다. 하지만 그것이 어느 네모인지는 알 수 없다.

생명보험 설계사들은 그 마지막 네모 칸에 닿기 전까지 내가 살아갈 네모들의 숫자를 대략 짐작할 수는 있다. 나에게 몇 칸이나 남았는가? 정확히 1,029개 남았다고 가정을 해 보자. 나의 오늘을 나타내는 이 한 칸의 네모를 채우는데 그 사실이 얼마나 영향을 미치겠는가? 그 차이는 앞으로 몇 칸이 남았느냐보다는 그 마지막 네모 칸에 도달했을 때 나에게 어떤 일이 일어나느냐에 달려 있다.

두 가지 일이 발생할 수 있다. 그 둘 중 무엇이 일어나는가에 따라 삶이 무엇인지 그리고 우리가 사는 세상이 어떤 곳인지 알 수가 있다. 그래서 우리는 진실함으로 그 두 가지 가능성을 대해야 한다. 지금은 가장할 때가 아니다. 첫 번째 가능성은, 내가 그 문이 없는 마지막 칸에 들어설 때 그 안에서 질식하는 것이다. 그 네모 칸의 벽들이 나에게 조여들어 나의 목을 조를지도 모른다. 나의 모든 과거를 통해 나는 출구가 없는 이 어두운 방에 던져졌다. 그동안 매일 바쁘게 살아서 결국 영원히 소리조차 낼 수 없는 어두운 방에 오게 된 것이다. 그동안 나는 그 많은 네모 칸들을 살아가는 동안 특별한 사람인 척했었다. 이제는 죽은 쥐들과 함께 침대를 써야 할지도 모른다. 이것이 1029칸이 지난 후 나에게 일어날 수 있는 일이다. 그리고 만약 이런 일이 나에게 발생한다면, 수첩의 마지막 칸으로 흘러들어 가는 모든 사람들에게도 일어날 것이다.

두 번째 가능성은 그 마지막 칸에 들어섰을 때, 그 칸에 문이 없는 이유는 문이 들어갈 만큼 큰 벽이 없기 때문이라는 사실을 깨닫는다. 나를 묶어 두었던 움직이지 않던 그 선들은 이제 모두 사라졌다. 내 삶의 마지막 날이 새로운 차원의 삶의 시작이 된 것이다. 시간의 제한의 벽이 사라졌기 때문이다. 그 마지막 칸은 죽음이 아니다. 새로운 차원의 삶이다.

기독교 복음의 결론은 두 번째 가능성이 진짜라는 약속이다. 우리의 마지막 날은 완벽한 평화와 완전한 정의의 새롭고 광대한 세상의 시작이다. 이 약속을 믿으면 우리는 소위 말하는 기독교적 희망을 갖게 된다. 솔직하게 이야기해 보자. 기독교적 희망은 우리 수첩의 마지막 칸에 고정되어 있다. 희망은 그 마지막 칸이 보통 관이라고 부르는 닫힌 공간이 아니고, 모든 것이 모든 차원에서 옳은 새로운 세상을 향한 문이라고 주장한다.

물론 내가 나만의 마지막 칸에 도달했을 때와 그 새로운 세계에 도착하는 때 사이에는 시차가 있을 것이다. 하지만 그 새로운 세계가 열리길 기다려야 한다는 기분은 느끼지 않을 것이다. 사실, 내가 내 자신을 새로운 땅에서 발견할 때 나는 마지막 날을 살고 떠난 그 순간 도착했다는 느낌을 받게 될 것이다. 몇 광년의 시간이 흘렀을지 모르지만 그 새로운 차원은 마치 내일처럼 느껴질 것이다.

새롭지만 오래된

내가 새로운 세상이 될 것이라 이야기했다. 하지만 그 새롭다는 것은 오래되어 무너질 것 같은 집을 위아래, 안팎, 아직 기초는 튼튼하지만 활용을 잘못한 구조를 새롭게 바꿀 수 있는 감각을 가진 건축사가 수리를 했을 때, 새롭다고 하는 그것이다. 모든 것은 예전의 황폐한 집에 비해서 새롭다. 하지만 그 집은 처음 사람들이 이사 왔을 때와 같은 집이다. 완전히 새 것이 되었지만 그 기초는 같다. 우리가 기대하는 새로운 세상도 마찬가지이다.

새로운 세상은 이 옛 세상이다. 바다, 강, 풀밭, 사막, 산 정상, 계곡, 동물 그리고 함께 살았던 사람들을 모두 알아볼 것이다. 창조주께서 만드시고 사랑하신 바로 그 땅이다. 자녀들을 위해 계획하신 정원, 적에게 넘겨 주지 않으신 왕국. 그럼 도대체 무엇이 새롭다는 것인가?

가장 큰 변화는 사람들이 하나님과 함께 사는 방법이다. 우선 사람들은 처음으로 서로에게 항상 공정할 것이다. 우리가 함께 삶을 위해 만드는 여러 가지 조치들, 기관과 구조들은 일찍부터 성경에서 말하는 정의를 지지할 것이다. 베드로는 우리가 모든 것이 옳은 새로운 세상을 찾는다고 말한다. 성경은 이를 정의라고 부른다. 성경적 정의란 우리가 세상의 모든 것이 옳게 바뀌기를 바랄 때 생기는 우리의 마음이다.

옳은 것은 정의로부터 시작된다. 사람들이 정당한 대가를 치르는 것. 하지만 그보다 훨씬 많은 것들을 포함하고 있다. 모든 것이 옳다는 것은 법적으로 모든 사람이 정당한 평가를 받는다는 것만은 아니다. 삶이 옳은 이유는 사람들이 서로 아껴 주고 사랑하고 절대 서로 실망시키지 않기 때문이다.

모든 것이 옳은 세상을 바랄 때 우리는 그보다 더 많은 것을 원한다. 우리가 평화라고 해석하는 성경이 말하는 샬롬을 원한다. 하지만 샬롬은 우리가 말하는 평화 그 이상의 의미를 담고 있다. 새로운 세상의 평화는 기쁨, 건강 그리고 사랑이 가득한 삶이다. 요한 계시록에 하나님께서 "모든 눈물을 그 눈에서 닦아 주시니 다시는 사망이 없고 애통하는 것이나 곡하는 것이나 아픈 것이 다시 있지 아니하리니 처음 것들이 다 지나갔음이러라."(계 21:4) 라고 말씀하시는 것을 보면 성경이 의미하는 평화에 대해 아주 조금 알게 된다. 어쨌든, 그 달력의 마지막 칸이 사라지면, 위대한 정의가 있는 아주 새로운 세상에 살 수 있도록 우리를 놓아 준다.

기독교계에서는 '최후의 때'에 대해 많은 어이없는 이야기들을 한다. 마치 그리스도인들이 하나님께서 자신의 창조물을 모두 파괴하실 대학살을 기대해야 하는 것처럼 말이다. 나는 그것을 믿지 않는다! 하나님은 우리 세상을 사랑하시고 이 세상을 파멸시키실 계획을 갖고 계시지 않는다. 그의 계획은 모든 것을 바르게 바꾸시는 것이다. 세상 파멸의 그 개념은 기독교적 희망을 무너뜨리는 가장 실망스러운 이단이다.

천국에 가고 싶은가?

'세상의 끝'에 대한 악몽은 사람들이 하나님의 미래를 바라는 것을 아주 힘들게 한다. 한번은 그리스도인들에게 죽으면 천국에 가고 싶으냐고 물은 적이 있다. 내 기억으로는 모두가 그렇다고 손을 들었다. 또 그럴 기회가 있다면 해가 지기 전에 오늘 천국에 가고 싶은지 물었다. 두 명이 조심스럽게, 주위를 살피며 손을 들었다. 대부분의 사람들은 할 수 있다면 천국에 가는 것을 다음 기회로 잠시 미뤄 두길 원했다. 천국에 간다는 것이 다시는 땅에 발을 들이지 못한다는 의미라면 왜 안 그렇겠는가?

그리고 나는 만약 그들이 우리가 살고 있는 세상이 내일이면 영원히 바르게 고쳐지는 것을 보길 원하는지 물었다. 평범한 감기도, 희귀 암도 없을 것이다. 모두가 최고의 날을 보낼 것이다. 하층 시민도 없을 것이다. 죄수들과 노예들은 풀려날 것이고, 굶주리는 사람들도 충분히 먹을 것을 갖게 될 것이고, 다른 사람을 해치는 사람도 없을 것이며 우리는 모든 사람과, 특히 우리 자신과 평화롭게 지내게 될 것이다. 민족주의적 전쟁은 국제 발전을 위한 협력으로 변할 것이고 우리 모두는 결국 평화를 얻게 될 것이다. 몇 명이나 손을 들었을까? 너도나도 앞 다투어 손을 들었다. 나는 또 이렇게 말했다. 새로운 세상의 내일이 여러분이 원하는 것이라면 천국에 가야 합니다. 천국은 이 세상의 새로운 모습이기 때문입니다. 좋으신 하나님께서 세상의 창조물들을 위해 그것 말고 무슨 계획을 세우시겠습니까?

기독교적 희망은 이 세상에 초점을 두고 있다. 하나님께서 이 세상을 만드셨고, 이 세상으로 독생자를 보내셔서 비난을 하시는 것이 아니라 구원을 하셨다(요 3:17). 하나님은 자기장의 중심이 되실 것이다. 예수님은 주가 되실 것이다. 그리고 이 세상을 사는 모든 사람들은 온전히 창조주와 구원자를 찬양할 것이다. 어떤 사람들에게는 하나님과 예수님을 만나는 것이 천국의 전부이다.

> 예수님의 아버지, 거룩한 사랑
> 얼마나 큰 기쁨인가
> 주님의 보좌 앞에 엎드려
> 당신을 바라보고 또 바라봅니다.

개인적으로 나는 이보다 더 많은 것을 원한다. 하나님께서는 우리가 하나님을 누리는 동안 이 세상을 즐기는 것을 기뻐하신다고 생각한다. 물론 하나님의 아름다움을 있는 그대로 보는 것보다 더 많은 것이 필요한 사람들이 있다는 것도 아신다. 우리에게는 서로의 아름다움도 필요하다. 그래서 하나님이 중심이긴 하지만 전부가 되길 요구하지 않으신다. 하나님 안에서 뿐 아니라 서로에게서 기쁨을 얻을 수 있도록 해 주신 하나님께 감사한다. 주일에는 하나님을 바라보더라도, 주중에는 인간 가족의 형제자매들과 함께 교제하고 일할 수 있도록 해 주신다. 그리고 천국은 주일만큼이나 월요일에도 좋을 것이다.

우리가 희망할 때

우리가 희망하는 것이 무엇인지에 대해 지금껏 이야기했다. 이제 우리의 초점을 돌려 우리가 바랄 때 무엇을 하는지에 대해 이야기하고자 한다. 희망이라는 단어는 두 가지 방향을 제시한다. 외적으로는 우리가 바라는 것과 내적으로는 우리의 희망의 경험이다. 이제 우리의 경험에 대해서 이야기하려 한다. 미래에 대해서는 잠시 잊자. 스스로를 이해해야 한다. 희망이 있다고, 모든 것이 괜찮아지기를 희망한다고 당신은 말한다. 희망을 갖는 것이 무엇인지, 우리가 어떤 것을 희망할 때 우리가 하는 행동이 무엇인지 바란다.

우리가 무언가를 바랄 때 우리 안에는 세 가지 현상이 발생하는 것 같다. 첫째는 욕망이다. 우리가 희망하는 것을 우리는 원한다. 둘째는 믿음이다. 우리는 우리가 희망하는 것이 가능성이 있다고 믿는다. 그리고 셋째는 의심이다. 우리가 희망하는 것이 일어나지 않을 까봐 두려워한다. 조금 더 부연 설명을 해 보자.

희망하는 것은 원하는 것이다. 우리가 아직 갖지 못한 것을 원한다. 미래에 어떤 일이 일어날 것이라고 단순히 믿는 것은 그것이 일어날 것을 희망하는 것과 다르다. 내가 어릴 적에 나는 예수님께서 언제든지 다시 오실 수 있다는 경고를 들었다. 하지만 나는 예수님께서 기다려 주시길, 적어도 디트로이트 타이거스가 월드 시리즈를 우승하는 날까지 기다려 주시길 바랐다. 어느 정도 믿음은 있었지만 예수님의 재림을 희망하지는 않았던 것이다. 예수님이 오시기를 진짜 원하게 될 때에서야 비로소 예수님께서 오시기를 희망하기 시작했다.

    희망하는 것은 믿는 것이기도 하다. 우리가 원하는 것이 미래에 실제로 일어날지도 모른다고 우리는 믿는다. 희망은 가능성을 키워 준다. 내가 치유되지 않을 것이라고 확신한다면 나는 치유를 더 이상 희망하지 않는다. 내가 치유 받을 것이라고 확신한다면 나는 희망할 필요가 없다. 내가 원하는 것이 불가피하지는 않아도, 가능하다고 믿을 때에만 나는 희망한다.

    우리가 희망할 때는 의심도 한다. 우리는 확신할 수 없기 때문에 의심할 수밖에 없다. 의심은 희망의 세 번째 차원이다. 우리 팀이 이길 가능성이 있다면, 질 가능성도 있는 것이다. 암의 치료법을 찾을 수 있다면, 찾지 못할 가능성도 있는 것이다.

    인간의 희망은 항상 리스크이기도 하다. 운이 많이 따르면 우리가 가진 것으로 세상의 굶주린 사람들을 먹일 수 있다. 운이 나쁘면 모든 사람에게 핵 재앙이 일어나게 할 수도 있다. 그래서 우리는 믿는 동시에 의심도 하면서 내기를 걸고 희망을 한다. 이것이 인간의 희망이다.

기독교적 희망

일반적으로 우리가 희망할 때 취하는 행동에 대해서는 이제 그만 이야기하자. 일반적인 희망과 다른 기독교적 희망을 가질 때 우리가 무엇을 하는지 묻길 원한다. 세 번째 차원에서 차이가 난다고 생각한다. 바로 의심이다. 기독교적 희망은 가능성이 있는 것을 믿는 것이 아니다. 확실한 것에 대한 확신이다. 기독교적 희망은 하나님께서 확실히 주시겠다고 한 것에 대한 확신의 선물이다. 그래서 사도 바울은 이를 "절대 실망시키지 않는 희망"(롬 5:5) 이라 했다. 그래서 히브리서 기자는 이를 "안전하고 확실한 영혼의 닻" (6:19)이라 했다. 의심 요소가 인간의 희망에서 빠지면 가능성은 확신이 된다.

그렇기 때문에, 기독교적 희망은 은혜의 선물로만 가능한 것이다. 우리가 똑똑해서 승자에게 내기를 걸기 때문에 기독교적으로 희망을 갖는 것이 아니다. 우리의 희망은 《뉴욕타임스》를 읽으며 통찰력 있게 행간의 의미를 파악해서 얻게 되는 것이 아니다. 사실, 솔직히 말하면 우리가 바라는 것은 거의 불가능해 보이기도 한다. 상식적으로 기독교적 희망은 절대 일어날 수 없는 일에 와일드카드 내기를 하는 것일 수도 있다.

까다로운 역사가들은 급하게 변해 좋아지는 것은 없다고 주장한다. '모든 것이 괜찮은 새로운 세상이' 타락한 세상에 대한 가능성 있는 대안이라는 사실을 확실히 증명할 수 있을 만한 황금기도 과거에 없었다. 인류에게는 인간의 머리로 생각해 낼 수 있는 모든 악행을 저지를 수 있다는 증거가 되는 암흑기는 있었다. 아우슈비츠가 그 중 하나이다. 하나님의 도시는 없다. 매일 가스실로 끌려 들어간 무고한 사람들의 끝없는 줄은 있다. 상호 존중과 하나 된 사랑으로 함께 살아간 사람들의 모델이 될 만한 사건은 역사에 없다. 만일 기독교적 희망이 '확실한 느낌'이라면 인류의 잔인한 현실의 경험과 정면충돌하게 된다.

물론 내부자의 힌트, 만약 밝힐 수 없다면, 절대 신뢰할 수 있는 정보에서 나온 신호, 절대 부인할 수 없는 높은 곳에서 유출된 정보가 있어서 우리가 확신할 수 있는 것임이 분명하다. 아니다. 우리가 가진 것은 약속이다. 그리고 그 약속을 듣고, 믿고, 그 약속을 따라 살 수 있는 힘이다. 그냥 약속인가? 그렇다, 그냥 약속이다. 베드로는 우리가 그의 약속에 따른 새로운 세상을 기다린다고 말한다(벧후 3:13). 정말 귀한 약속이다! 땅 만큼 넓고 온전한, 괜찮음의 궁극적 신호이다.

그 약속은 항상 새롭고 더 나은 세상과 관련이 있었다. 우리의 전쟁과 슬픔에서 벗어난 평화와 기쁨의 세상. "보라 내가 새 하늘과 새 땅을 창조하나니"(사 65:17). 칼은 쟁기가 되고, 사자는 양과 함께 자고, 가난한 이들은 정의를 얻고, 약한 자들은 강한 자리로 올려지고, 모든 사람들은 하나님의 샬롬을 누린다. 이 약속이 아니었다면 희망이 없었던 고대 사람들의 마음에 스며들어 희망을 준 것이 바로 이 약속이다.

후에, 그 약속은 우리에게 사람으로 다가왔고, 그의 온전하신 존재가 "더 나은 세상이 온다."고 말씀하고 계셨다. 어린 유대인 소녀, 자신이 임신했음을 알고 너무 놀란, 그의 어머니가 될 소녀는, 그가 "주리는 자를 좋은 것으로 배불리셨으며 부자를 공수로 보내신"(눅 1:53) 그날에 대한 찬양의 영감을 얻었다. 가난 중에 태어난 아이지만, 천사들은 그가 세상에 평화를 가져올 것이라 노래했다. 그는 성장해, 기이하고 놀라운 일들을 행했고, 그 일들은 그의 온전함의 힘을 나타냈다. 마을의 창녀가 사랑스러운 여인이 되고, 평생 불구로 살아가던 사람이 갑자기 두 발로 뛰고, 눈이 먼 자가 나무와 아이들을 보고, 죄책감에 억눌렸던 자들이 자유케 되고, 죽은 자들이 무덤에서 일어난다. 그는 갇힌 자들에게는 자유를 그리고 박해 받는 자들에게 자유함을 전하러 왔다고 말했고, 그의 기적들은 그 약속이 온 세상에 실현될 것이라는 징조들이었다.

그 아기는 성장하여 기존 세력의 위협적 존재가 되었다. 그래서 그들은 그를 십자가에 못 박아 죽게 했다. 하지만 하나님께서는 그를 죽음 가운데서 일으키셔서, 앞으로 올 새로운 세상에 대한 약속을 구체화하셨다. 많은 사람들은 이 부활하신 분의 영혼이 자신의 영혼 가운데 있음을 느낀다. 그렇게 느낄 때 그들은 그 약속을 믿고 그것이 진리임을 확신한다. 희망은 그들의 선물이다. 그리고 한 칸 한 칸 앞으로 사람들을 가장 두렵게 하는 그 마지막 칸까지 빠르게 그들은 그 약속을 따라 산다.

마지막 한 칸

솔직히 희망의 선물은 우리 달력의 그 마지막 한 칸에 고정되어 있다. 그리고 그 희망만이 그 마지막 칸의 두려움을 없애 줄 수 있다. 그 사이에 우리가 가지는 모든 희망은 인간의 희망이다. 그리고 인간의 희망에는 항상 인간의 의심이 따른다. 우리는 끝에 가서야 모든 것이 괜찮아질 것이라는 사실만 절대 확신한다.

 수첩의 그 마지막 칸에 대한 비전은 그 사이에 있는 모든 칸들에 빛을 비춘다. 우리는 희망을 가지고 살고 희망이 우리의 삶을 밝혀 준다. 우리는 각 네모 칸을 다르게 바라본다. 그 마지막 칸을 새로운 세상으로 들어갈 권리라고 생각하기 때문이다. 어떻게 보면, 지금 모든 것이 잘못되어 있어도 나는 괜찮다는 것을 안다. 앞으로 올 하나님의 새로운 세상에서는 우리의 모든 것이 괜찮을 것이라고 희망하기 때문이다.

나는 인간적 희망으로, 나의 친구들의 지적장애 아이들이 지적인 성인이 되기를 원한다. 하지만 그렇게 되지 않을 것이라 의심하기도 한다.

나는 기독교적 희망으로, 그 아이의 장애가, 무한한 창조적 지식을 가진 사람의 진짜 삶에 대한 간략한 서문이 되길 바란다. 그녀가 살아가는 동안 완치되었으면 하는 나의 인간적 믿음은 그 가능성이 매우 희박하다. 하지만 나는 그녀를 향한 큰 희망이 있다. 그리고 그 희망 때문에 그 아이는 이 세상에서 그 어떤 창조적인 천재들만큼이나 소중하다.

나는 인간적 희망으로 내가 사는 사회가 공정하고 사람들이 서로 돕고 돌봐 주고, 모든 사람들이 먹을 것이 충분하고 사랑해 줄 사람이 있는 곳이 되길 희망한다. 하지만 그렇게 완벽한 사회를 영원히 찾지 못할 것이라 생각하기도 한다.

나는 기독교적 희망으로, 다른 사람들이 마땅히 찾아야 할 권리를 찾는 것에 가장 큰 기쁨을 얻는 사랑으로 서로를 모두 사랑하고, 표현할 수조차 없는 큰 기쁨으로 덮이길 바란다. 그리고 완전한 사랑과 완전한 정의의 사회에 대한 확실한 희망으로 지금 내가 함께 살고 있는 인간적 가족들을 구원하고 치유할 가치를 느낀다.

희망의 선물은 인류 전체 뿐 아니라 모든 사람을 아주 소중한 사람이 되게 한다. 미래의 올바름에 대한 비전은 올바름의 확인을 현재로 보내 준다. 그리고 삶을 더 즐겁게 만든다. 우리가 수백만 날이 걸려도 하지 못하는 것을 하나님께서는 당신의 때에 하신다. 그래서 우리가 그곳에 가는 동안 조금 놀아도 그 새로운 세상은 사라지지 않는다. 더욱이, 우리가 노는 것은 천국에서의 삶을 모방하는 것이다. "예루살렘 길거리에 늙은 남자들과 늙은 여자들이 다시 앉을 것이라 다 나이가 많으므로 저마다 손에 지팡이를 잡을 것이요 그 성읍 거리에 소년과 소녀들이 가득하여 거기에서 뛰놀리라"(슥 8:4-5). 결론은 이것이다. 기독교적 희망은 선행을 의미 있는 것으로 만들어 준다. 하지만 우리가 선행만으로는 살 수 없다고 이야기한다. 달력의 네모 칸들이 춤을 출 수 있는 풀밭이 되도록 하라.

많은 사람들이 기독교적 희망 없이 살아간다. 어떤 사람들은 술에 취하고 마약에 취해서 똑같은 매일의 삶의 지루함을 잊으려고 한다. 다른 사람들은 쇼핑과 소비로 매일을 채운다. 그리고 또 어떤 사람들은 일만 하여 아주 부자가 되고, 예민해지고, 결국 자신의 삶의 의미에 대해 고민하게 된다.

결국 그 수첩들의 결론이 무엇인가? 수백만 명의 사람들이 고민과 분노로 채우는 그 날들의 의미는 무엇인가? 인류학자 어니스트 베커의 말이 옳을 수도 있는가? 그는 『죽음의 부인』(*The Denial of Death*)을 통해 다음과 같이 말한다. "지난 30억 년 정도의 시간

동안 지구상에서 일어난 일들에서 우리가 얻을 수 있는 가장 진지한 결론은 이 세상이 거대한 비료 구덩이로 변하고 있다는 것이다." 이것은 달콤한 인간적 희망이 씁쓸한 의심으로 변한 것이다.

이렇게 변해 버린 인간적 희망에 대한 유일한 해답은 물론 기독교적 희망이다. 나는 베커가 틀렸다고 믿는다. 그리고 내 삶의 마지막 하루를 시작할 때 나는 경험으로 알 수 있을 것이다. 그때 나는 이 땅에 나의 주 예수 그리스도의 왕국이 서는 것을 보게 될 것이다. 그리고 사람들이 그동안 생각해 온 모든 선하고 귀하고 옳은 것들이 번창하고, 앞으로 다가올 세상을 변화시키는 것을 볼 것이다. 또한 이 세상이 위대한 창조주와 구원자의 영광에 따라 하나님의 영의 능력을 통해 정의와 사랑이 가득한 멋진 곳이 되는 것을 볼 것이다. 그러면 마침내 우리 모두는 괜찮아질 것이고, 모든 것 또한 괜찮아질 것이다.